Marianne Kelnberger

Übungs- und Diktattexte

zum Grundwortschatz 3./4.

Copyright: pb-verlag • 82178 Puchheim • 2004

ISBN 3-89291-**528-8**

UNTERRICHTSPRAXIS

Karl H. Grünauer

Deutsch kompakt 4

Band I
Texte verfassen

• ARBEITSBLÄTTER mit LÖSUNGEN • FOLIENVO...

Inhaltsübersicht:

Unterrichtseinheiten:

Sich für eine Gestaltungsmöglichkeit entscheiden, Texte vorbereiten, Einen Text überarbeiten, Gestaltungsideen entwickeln, Eine Fantasie-Geschichte formulieren, Fantasie-Geschichten erfinden, Eine Unsinn-Geschichte erfinden, Eine Geschichte fortsetzen, Eine Geschichte fortführen, Texte umschreiben, Kreativ zu Bildern schreiben, Eine Fortsetzungsgeschichte fatasievoll schreiben, Für eine Geschichte einen schlauen Schluss finden, Erlebnisse erzählen und aufschreiben, Eine Reizwortgeschichte schreiben, Eine Erlebnisgeschichte verfassen, Texte optisch gliedern, Gedanken ausdrücken-fehlende Textteile ergänzen, Einleitung, Hauptteil und Schluss einer Geschichte, Den Höhepunkt einer Geschichte ausgestalten, Satzanfänge ändern, Zeitstufen überprüfen, Namenwörter durch persönliche Fürwörter ersetzen, Wörtliche Reden einbauen, Fragen und Antworten verfassen, Fragen und Antworten in einem Text einbauen, Passende Ausdrücke finden, Stimmungen ausdrücken, Gefühle ausdrücken, Ein Wortfeld erarbeiten, Treffende Zeitwörter aus einem

Wortfeld verwenden, Die Wortwahl durch Wortfelder erweitern

Die Erzählperspektive wechseln, Sich in die Gedanken anderer hineinversetzen, Schreibabsicht und Textwirkung vergleichen, Über Veränderungen am Text sprechen, Texte würdigen, Veränderung am taxt vornehmen, Mündliche und schriftliche Kommentare abgeben, Eine Sach-Niederschrift schreiben, Sachtexte verfassen, Einen Sachtext nach Stichpunkten aufschreiben, Stichpunkte aufschreiben, Vorgänge beschreiben, Comic-Figuren beschreiben, Spielregeln beschreiben, Eine Arbeitsanleitung formulieren, Eine Unfallanzeige schreiben, Einen Unfallbericht schreiben, Briefe schreiben, Mit einer Mitteilung andere informieren, Einen Wunsch formulieren, Anliegen darlegen, Aufrufe schreiben, Appele schreiben, Eine Einladung gestalten, Eine Sachaufgabe formulieren, Meinungen darlegen, Argumente finden

Stations- und Karteikarten

Deutsch kompakt 4 Bd. I
Nr. 971   *123 Seiten*   € 17,90

UNTERRICHTSPRAXIS

Gerd Stuckert

Deutsch kompakt 4

Band II
Richtig schreiben

Einteilung der Wörter nach ihrer rechtschriftlichen Besonderheit • Gute Zeichen ersparen viele Worte • Abkürzungen und Hinweise zu einzelnen Arbeitsaufgaben • Im Wörterbuch nachschlagen • Mitsprech- /Hörwörter • Kurz und lang klingende Selbstlaute • Besonderheiten der Rechtschreibung
1. Doppelte Mitlaute
Wörter mit tt • Wörter mit doppelten Mitlauten
2. Sonderfälle der Verdoppelung • Wörter mit ck und tz • Wörter nur mit k und z (nach Vokal oder Doppellaut)
3. Dehnung • Wörter mit Dehnungs- h • Wörter mit ie • Wörter mit doppeltem Selbstlaut
4. Wörter mit ss und ß • Wörter mit ss • Wörter mit ß • Wörter mit s, ss oder ß
5. Welcher oder harter Mitlaut am Wortende • Wörter mit b,d oder g am Wortende • Wörter mit t am Wortende
6. Gleich klingende Vokale und Doppellaute • Wörter mit ä, (ä klingt wie e) • Wörter mit äu (äu klingt wie eu) • Wörter mit eu
7. Großschreibung von Nomen
8. Weitere Merkwörter • Wörter mit Vv • Getrenntschreibung im Zusammenhang mit „viel" • Wörter mit x und chs • Wörter mit x oder y • Wörter mit c, ch und qu • Wörter mit Th/th
9. Wortbausteine erkennen und richtig schreiben • Wortstamm und Wortfamilie • Wörter mit Vorsilben (Kurzwörter) • Namenwörter mit Nachsilben • Eigenschaftswörter mit Nachsilben • Wortstamm, Vor- und Nachsilben • Zusammengesetzte Wörter
10. Gleich klingende Kurzwörter • Gleich klingende Wörter • Anhang • Meine Zwickis • Wichtige Kurzwörter • Grundwortschatz zur 3./4. Jahrgangsstufe

Deutsch kompakt 4 Bd. II
Nr. 972   *146 Seiten*   € 19,90

• ARBEITSBLÄTTER • STATIONEN- bzw. KARTE...
• PROBEBAUSTEINE (Lehrnzielkontrollen)

UNTERRICHTSPRAXIS

Karl-Hans Grünauer

Deutsch kompakt 4

Band III
Lesen und mit Literatur umgehen

• LESETEXTE mit FRAGEN • FOL...
• ARBEITSBLÄTTER mit LÖSUNG...

Fünf Sprotten, Erzählung nach Josef Guggenmos
Das unendliche Buch, Gedicht von Josef Guggenmos
Die Hyäne und der Fuchs, Fabel
Die Bienenkönigin, Märchen der Gebrüder Grimm
Das grüne Männlein und die Elsenbahn, nach Frieder Stöckle
Der Käse im Brunnen, Schwank
Der Ochsendieb von Finsing, Schwank
Ein Wellheimer Stückl, Schwank
Kleider machen Leute, Schwank
Auch er stammt von Adam ab, Schwank
Herr Überschlau, Märchen nach Christian Boch
Nasreddin verkauft eine Weisheit, Erzählung nach Klaus F. Hasenclever
Saladin und der weise Melchisedech, Erzählung
Der kluge Richter, Erzählung
Ein Wunsch ist frei, Märchen
Vom Ochsen und vom Esel, Erzählung nach Karl Heinrich Waggerl
Die Zahl der Esel, Schwank
Das Wunder auf der Mühle, Legende
Franz von Assisi, Legende nach Max Bolliger
Die Kinder von Hameln, Sage
Der Mond und die Sonne, Märchen aus Afrika
Der Stein, Gedicht von Joachim Ringelnatz
Reiselied, Gedicht von Joseph von Eichendorff
Er ist's, Gedicht von Eduard Mörike
Die fünfte Jahreszeit, Erzählung von Kurt Tucholsky
Wenn es Winter wird, Gedicht von Chr. Morgenstern
Knecht Ruprecht, Gedicht von Theodor Storm
Auf dem Eis, Erzählung nach Hermann Sudermann
Der Brief, Erzählung nach Dimiter Inkiow
Kalle wird zeba, Erzählung von Peter Härtling
Mutter sagt immer NEIN, Erzählung nach Gina Ruck-Pauquet

Deutsch kompakt 4 Bd. III
Nr. 973   *128 Seiten*   € 18,90

UNTERRICHTSPRAXIS

Anke Krisam

Deutsch kompakt 4

Band IV
Sprache untersuchen

• ARBEITSBLÄTTER • STATIONS- bzw. KARTE...
• PROBENBAUSTEINE

Zukunft

1. Stehen die Sätze in der Zukunft? Kreuze richtig an!

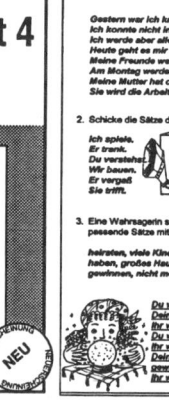

2. Schicke die Sätze durch die Zeitmaschine!

3. Eine Wahrsagerin sagt dir und deinem Bruder die Zukunft voraus. Bilde passende Sätze mit folgenden Wörtern!

heiraten, viele Kinder bekommen, im Beruf erfolgreich sein, Tiere haben, großes Haus nebeneinander bauen, große Urlaubsreise gewinnen, nicht mehr so viel streiten

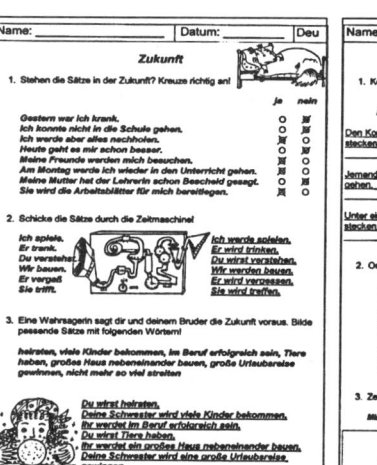

Sprichwörter und Redensarten

1. Kennst du die Redensart und ihre Bedeutung?

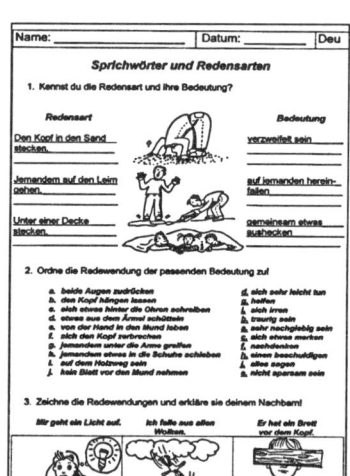

2. Ordne die Redewendung der passenden Bedeutung zu!

3. Zeichne die Redewendungen und erkläre sie deinem Nachbarn!

Inhaltsübersicht

Eigenschaftswörter helfen zu vergleichen
Zukunft
Das Namenwort in den vier Fällen
Satzergänzung im 3. und 4. Fall
Orts- und Zeitangaben
Bindewörter
Wortarten verändern
Wortfelder und Wortfamilien
Sprichwörter und Redensarten
Fremdwörter
Mündliche und schriftliche Verständigung
Bildzeichen

Das Skript enthält Arbeitsblätter mit Lösungen, Stations- bzw. Karteikarten und Probebausteine zu allen Themenbereichen.

Deutsch kompakt 4 Bd. IV
Sprache untersuchen
Nr. 460   *119 Seiten*   € 17,90

Unterrichtspraxis

Gerhard Kempf

Textknacker
Lesetexte besser verstehen
und kreativ schreiben können
4. Jahrgangsstufe

• ARBEITSBLÄTTER mit Lösungen • FOLI...

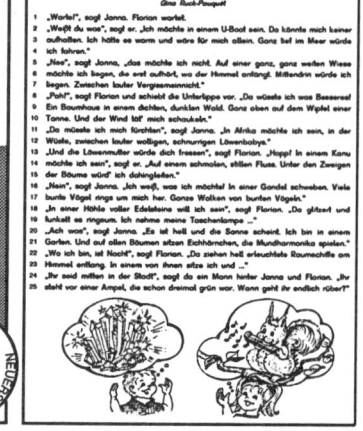

Wo ich sein will, wo ich bin
Gina Ruck-Pauquet

Geschichten und Erzählungen
Piraten auf Schatzsuche • Stan Stix vom andern Stern • Alles ist gegen Tom (Rosemarie Künzler-Behncke) • Die Geschichte vom grünen Fahrrad (Ursula Wölfel) • Hirsch Henri in der Badewanne (Ingo Offergeld) • Ich bin so gemein gewesen (Irina Korschunow) • Wo ich sein will, wo ich bin (Gina Ruck-Pauquet)
Fabeln, Parabeln, Schwank
Der Löwe und die Maus (Asop) • Von zwei starrköpfigen Ziegen (Jean de La Fontaine) • Tillie und die Mauer (Leo Lionni) • Der Fuchs und die Katze (Brüder Grimm) • Die drei Söhne (Leo N. Tolstoi) • Mali vom Berg (Hanna Hannisch) • Ein Gerücht (Heinz Steguweit)
Märchen, Legenden, Gleichnis
Prinzessin Rosenrot • Prinz Reiskorn • Der störrische Esel und die süße Distel (Karl Heinrich Waggerl) • Gleichnis vom verlorenen Schaf (Lukas)
Gedichte
Farbelichan • Wer kommt gekro-? (Josef Guggenmoos) • Rondell • Der Wind (Josef Guggenmoos) • Das Wasser (James Krüss) • Ein Riese warf einen Stein (Josef Guggenmoos) • Ich bin froh, dass ich bin, wie ich bin (Elberta H. Stone)
Sachtexte
Welpen erziehen (Janice Marriott) • Die beliebtesten Haustiere • Warum klopft der Specht?
Auszüge aus Kinderbüchern
Das gehört mir (Leo Lionni) • Brif, Bruf, Braf (Gianni Rodari) • Rennschwein Rudi Rüssel (Uwe Timm)
Lösungen zu den Arbeitsblättern

Textknacker 4
Nr. 524   *144 Seiten*   € 19,90

Nr. 520   Textknacker 3   i.V.

<u>Vorwort</u>

Vielen Lehrern ist das isolierte Üben von Grundwortschatzwörtern zu wenig effektiv und sie sind auf der Suche nach sinnvollen, kurzen Texten.
Das vorliegende Skript enthält ansprechende, zum Teil von Schülern entworfene Texte zum Grundwortschatz der 3. und 4. Jgst., die jedoch nicht als Nachschriften zu verstehen sind. Vielmehr können sie völlig flexibel zum Üben, Wiederholen und Diktieren, im Rahmen des lehrerzentrierten Unterrichts oder der Freiarbeit eingesetzt werden.

Jeder Text ist folgendermaßen aufgebaut:
* Thematik: Rechtschreibfall bzw. HSU-Thema
* enthaltener GWS-Wortschatz der 3./4. Jgst. nach Wortarten gegliedert und nach
      dem Alphabet aufgelistet
* Text
* Nachdenkstrategien bzw. orthographische Merkstellen:
      sämtliche Wörter des Textes (auch nicht GWS-Wörter) gegliedert nach den
      Nachdenkstrategien bzw. orthorgraphischen Merkstellen,
      aufgelistet nach ihrem Vorkommen im Text
* Lückentext
* Lückentext mit Purzelwörtern (Buchstaben in alphabetischer Reihenfolge)

Die explizite Aufzählung der verwendeten GWS-Wörter bzw. der behandelten Rechtschreibfälle bei jedem Text gibt dem Lehrer einen schnellen Überblick über dessen Einsetzbarkeit.
Der HSU-Bezug mancher Texte ermöglicht fächerübergreifendes Unterrichten.
Viele Wörter finden sich in mehreren Texten wieder, so dass dauerhaftes Einprägen und festes Verankern im Gedächtnis gesichert ist.
Die Lückentexte ermöglichen den Schülern mit Hilfe der Purzelwörter selbstständiges Üben speziell der GWS-Wörter. Möchte der Lehrer nur die Beherrschung der Schreibung der GWS-Wörter testen, eignet sich das Lückendiktat ebenfalls sehr gut dazu.

Sinnvolle Ergänzung:
Die Texte, in denen bestimmte Rechtschreibfälle behandelt werden, orientieren sich an
Deutsch kompakt 3 bzw. 4, Band II, Richtig schreiben
von Gerd Stuckert, pb-Verlag
(Angabe der betreffenden Seitenzahlen beim jeweiligen Text).

Ich wünsche Ihnen und Ihren Schülern mit dem vorliegenden Skript viel Freude am Unterricht und guten Erfolg.

Inhaltsverzeichnis - 3. Jahrgangsstufe

GWS-Texte zu bestimmten Rechtschreibfällen, Nachdenkstrategien bzw. orthografischen Merkstellen

GWS-Texte passend zu den HSU-Themen der 3. Jgst.

Inhaltsverzeichnis - 4. Jahrgangsstufe

GWS-Texte zu bestimmten Rechtschreibfällen, Nachdenkstrategien bzw. orthografischen Merkstellen

GWS-Texte passend zu den HSU-Themen der 4. Jgst.

GWS-Texte (fächerübergreifend) 4. Jgst.

Thematik	*Kurzer Selbstlaut - Mitlautverdoppelung*

GWS-Wortschatz

Namenwörter: Bett, Decke (ZW: decken), Kompass, Löffel, Messer, Mittag, Nummer, Nuss, Programm, Schatten, Tanne, Tasse, Teller, Wald

Zeitwörter: gewinnen, kämmen, klettern, lassen, rennen, sammeln, schwimmen, setzen, treffen

Eigenschaftswörter:

sonstige Wörter:

nicht im GWS enthaltene Wörter: Gabel, Klasse, Schiff

Text

Im Schullandheim

Fritz war mit seiner Klasse im Schullandheim. Er rannte in sein Zimmer mit der Nummer elf und kletterte auf das Stockbett. Zum Mittagessen musste er den Tisch decken: Teller, Tassen, Messer, Gabeln und Löffel für alle. Nachmittags stand ein Ausflug auf dem Programm. Mit dem Kompass durchkämmten sie den Wald. Dann setzten sie sich in den Schatten einer Tanne. Beim Wasserfall konnten sie Schiffchen schwimmen lassen, Haselnüsse sammeln und versuchen die Schiffe zu treffen. Fritz gewann.

(78 Wörter, davon 23 GWS-Wörter oder davon abgeleitete Wörter
und 35 Wörter mit Doppelmitlaut)

41

Nachdenkstrategien

kurzer Vokal und Mitlautverdoppelung, tz, ck:
Fritz, Klasse, rennen, Zimmer, Nummer, klettern, Stock, Bett, Mittag, Essen, müssen, decken, Teller, Tasse, Messer, Löffel, alle, mittags, Programm, Kompass, kämmen, dann, setzen, Schatten, Tanne, Wasser, Fall, können, Schiff, schwimmen, lassen, Nuss, sammeln, treffen, gewinnen

ä/äu ➜ verwandtes Wort mit a:
durchkämmen
Auslautverhärtung bei b,d,g ➜ Verlängerung:
Mittag, stand, Ausflug, Wald
Rückführung zur Grundform: rannte, musste, kämmte, setzten, konnten, gewann

orthografische Merkstellen

Wörter mit v/V:
versuchen

schwierige Vergangenh. bei starken Verben:
stehen-stand, treffen-traf

Bezug zum Skript: Deutsch kompakt 3:
3/II/S.17-32 und 45-48

Lückentext zum Andiktieren der Grundwortschatzwörter sowie der Wörter zum behandelten Rechtschreibfall

Im Schullandheim

_____ war mit seiner _____ im Schullandheim. Er _____ in sein _____ mit der _____ elf und _____ auf das _____. Zum _____- _____ er den Tisch _____: _____, _____, _____, Gabeln und _____ für _____. Nach-_____ stand ein Ausflug auf dem _____. Mit dem _____ _____ sie den _____. _____ sie sich in den _____ einer _____. Beim _____ _____ sie _____ _____ _____, Hasel-_____ _____ und versuchen die _____ zu _____. _____.

Lückentext zum Üben (Lückenwörter als Purzelwörter)

Im Schullandheim

_____ (Firtz) war mit seiner _____ (aeKlss) im Schullandheim. Er _____ (aennrt) in sein _____ (eimmrZ) mit der _____ (emmNru) elf und _____ (eeeklrttt) auf das _____ (bcekoSttt). Zum _____ (aeegiMnsstt) _____ (emsstu) er den Tisch _____ (cdeekn): _____ (eellrT), _____ (aenssT), _____ (eeMrss), Gabeln und _____ (effLlö) für _____ (aell). Nach-_____ (agimtts) stand ein Ausflug auf dem _____ (agmmPorr). Mit dem _____ (aKmopss) _____ (äcdehkmmnrtu) sie den _____ (adlW). _____ (aDnn) _____ (eensttz) sie sich in den _____ (acehnStt) einer _____ (aennT). Beim _____ (aaefllrssW) _____ (eknnnot) sie _____ (cceffhhinS) _____ (cehimmnsw) _____ (aelnss), Hasel-_____ (enssü) _____ (aelnmms) und ver-suchen die _____ (ceffhiS) zu _____ (eeffnrt). _____ (Firtz) _____ (aegnnw).

Thematik	*Kurzer Selbstlaut - Mitlautverdoppelung*

GWS-Wortschatz

Namenwörter:	Blitz, Decke (das Deck), Donner, Dreck, Fluss, Gewitter, Glück, Müll, Quelle, Stamm, Steuer, Stoff
Zeitwörter:	brennen, gewinnen, lassen, packen, (zer-)reißen, schwimmen, stürmen
Eigenschaftswörter:	dick, dünn, glatt, nass, schrecklich
sonstige Wörter:	plötzlich

nicht im GWS enthaltene Wörter: Schiff, zusammen

Text

Glück im Unglück

Mit einem kleinen Schiff wollten drei Männer zur Quelle des Flusses kommen. Plötzlich kam ein Gewitter mit Blitz und Donner auf. Es stürmte schrecklich. Dünne und dicke Baumstämme schwammen zusammen mit Dreck und Müll im Wasser. An Deck war es glatt und nass. Der Wind zerriss den Stoff ihrer Kleidung. Doch die Männer packten fest an und ließen das Steuerrad nicht los, auch wenn ihre Hände brannten. So konnten sie gegen das Unwetter gewinnen.

(77 Wörter, davon 24 GWS-Wörter oder davon abgeleitete Wörter und 32 Wörter mit Doppelmitlaut)

Nachdenkstrategien

kurzer Vokal und Mitlautverdoppelung, tz,ck:
Glück, Schiff, wollen, Männer, Quelle, Fluss, kommen, plötzlich, Gewitter, Blitz, Donner, schrecklich, dünn, dick, Baumstämme, schwimmen, zusammen, Dreck, Müll, Wasser, Deck, glatt, nass, zerreißen, (riss), Stoff, packen, lassen (ließ), wenn, brennen, können, Unwetter, gewinnen

lang gesprochener i-Laut ➜ *ie:* ließen
ä/äu ➜ *verwandtes Wort mit a:*
Männer, Stämme, Hände
Auslautverhärtung bei b,d,g ➜ *Verlängerung:*
Wind, Kleid, Rad, Hand
Rückführung zur Grundform:
wollten, packten, brannten, konnten
Wortbausteine: Vorsilbe zer-: zerreißen

orthografische Merkstellen

schwierige Vergangenheit bei starken Verben:
kommen-kam, zerreißen-zerriss, lassen-ließ

besondere Wörter:
Quelle

Bezug zum Skript: Deutsch kompakt 3:
3/II/S.17-32 und 45-48

Lückentext zum Andiktieren der Grundwortschatzwörter sowie der Wörter zum behandelten Rechtschreibfall

[_____] **im** [_____]

Mit einem kleinen [_____] [_____] drei [_____] zur

[_____] des [_____] [_____]. [_____] kam

ein [_____] mit [_____] und [_____] auf. Es

[_____] [_____]. [_____] und [_____]

Baum-[_____] [_____] [_____] mit

[_____] und [_____] im [_____]. An [_____]

war es [_____] und [_____]. Der Wind [_____] den

[_____] ihrer Kleidung. Doch die [_____] [_____]

fest an und [_____] das [_____]-rad nicht los, auch

[_____] ihre Hände [_____]. So [_____] sie gegen

das [_____] [_____].

Lückentext zum Üben (Lückenwörter als Purzelwörter)

[_____] (cGklü) **im** [_____] (cgklnUü)

Mit einem kleinen [_____] (cffhiS) [_____] (ellntow) drei

[_____] (äeMnnr) zur [_____] (eellQu) des

(eFlsssu) [_____] (ekmmno). [_____] (chillPötz) kam ein

[_____] (eeGirttw) mit [_____] (Biltz) und [_____]

(Dennor) auf. Es [_____] (emrsttü) [_____] (cccehhiklrs).

[_____] (Dennü) und [_____] (cdeik) Baum-[_____]

(äemmst) [_____] (acehmmnsw) [_____] (aemmnsuz)

mit [_____] (cDekr) und [_____] (llüM) im [_____]

(aerssW). An [_____] (cDek) war es [_____] (agltt) und

[_____] (anss). Der Wind [_____] (eirrssz) den [_____]

(ffoSt) ihrer Kleidung. Doch die [_____] (äeMnnr) [_____]

(aceknpt) fest an und [_____] (eeilnß) das [_____]-rad (eerStu)

nicht los, auch [_____] (ennw) ihre Hände [_____] (abennnrt).

So [_____] (eknnnot) sie gegen das [_____] (eenrttUw)

[_____] (eeginnnw).

Thematik	*Nur k bzw. z nach l, n, r*

GWS-Wortschatz

Namenwörter: Arzt, Glück, Mittag, Pilz

Zeitwörter: erklären

Eigenschaftswörter: stark, süß

sonstige Wörter:

nicht im GWS enthaltene Wörter: Bauch, ganz, Herz, herzlich, Lebkuchen, Mittel, schenken, Schmerz, Schwanz, Wolke

Text

Krank

Petras Zimmer ist verdunkelt. Sie ist krank. Sie hat Durchfall und starke Bauchschmerzen. Der Arzt verschreibt ihr ein pflanzliches Mittel. Er erklärt: „Du musst ganz viel trinken. Auch Salzstangen können helfen."
Am Mittag kommt Petras Onkel. Er schenkt ihr ein Lebkuchenherz, auf dem sich ein Glückspilz und ein Schweinchen mit einem süßen Ringelschwänzchen befindet. Auch eine Spieluhr in Form einer Wolke hat er dabei. Petra bedankt sich herzlich.

(69 Wörter, davon 7 GWS-Wörter oder davon abgeleitete Wörter
und 17 Wörter zur Nachdenkstrategie k bzw. z)

Nachdenkstrategien

Nach l, n, r das merke ja,
steht nie tz, und nie ck:
krank, verdunkelt, stark, Schmerzen, Arzt, pflanzlich, ganz, trinken, Salz, Onkel, schenkt, Herz, Pilz, Schwänzchen, Wolke, bedankt, herzlich

lang gesprochener i-Laut ➡ *ie:* viel, Spieluhr
ä/äu ➡ *verwandtes Wort mit a:*
erklären, Schwänzchen
Auslautverhärtung bei b,d,g ➡ *Verlängerung:*
verschreibt, Mittag, Lebkuchen
Rückführung zur Grundform:
verschreibt, erklärt, kommt, schenkt, bedankt
kurzer Vokal und Mitlautverdoppelung, tz, ck:
Durchfall, Mittel, musst, können, Mittag, kommt, Glück
Wortbausteine: Vorsilbe ver-: verdunkeln, verschreiben

orthografische Merkstellen

Dehnungs-h:
Spieluhr
Wörter mit v/V:
verdunkelt, verschreibt, viel
Wörter mit ß:
süß

Bezug zum Skript: Deutsch kompakt 3:
3/II/S.33-36

Lückentext zum Andiktieren der Grundwortschatzwörter sowie der Wörter zum behandelten Rechtschreibfall

Petras Zimmer ist _____. Sie ist _____. Sie hat Durchfall und _____ Bauch-_____. Der _____ verschreibt ihr ein _____ Mittel. Er _____: „Du
musst ganz viel _____. Auch _____-stangen können
helfen."
Am _____ kommt Petras _____. Er _____ ihr ein
Lebkuchen-_____, auf dem sich ein _____ und
ein Schweinchen mit einem _____ Ringel-_____
befindet. Auch eine Spieluhr in Form einer _____ hat er dabei.
Petra _____ sich _____.

Lückentext zum Üben (Lückenwörter als Purzelwörter)

_____ (aKknr)

Petras Zimmer ist _____ (deeklnrtuv). Sie ist _____
(akknr). Sie hat Durchfall und _____ (aekrst)
Bauch-_____ (ceehmnrsz). Der _____ (Artz) verschreibt ihr ein _____ (acefhillnpsz) Mittel. Er
_____ (äeklrrt): „Du musst ganz viel _____
(eiknnrt). Auch _____-stangen (alSz) können helfen."
Am _____ (agiMtt) kommt Petras _____ (eklnO). Er
_____ (cehknst) ihr ein Lebkuchen-_____ (ehrz), auf dem
sich ein _____ (cGikllpsüz) und ein Schweinchen mit
einem _____ (ensßü) Ringel-_____ (äccehhnnswz)
befindet. Auch eine Spieluhr in Form einer _____ (ekloW) hat er
dabei. Petra _____ (abdeknt) sich _____ (echhlirz).

Thematik	*Der s-Laut*

GWS-Wortschatz

Namenwörter: Brücke, Flug (in Flugzeug), Fluss, Führung, Hang, Höhe, Kompass, Schlüssel, Spaß, Stamm, Straße

Zeitwörter: führen (NW: Führerin), (be-)grüßen, lassen, schließen (NW: Schloss), überqueren

Eigenschaftswörter: süß

sonstige Wörter:

nicht im GWS enthaltene Wörter: Karte, schmal

Text

Ausflug zum Schloss

Die Klasse macht sich mit Karte und Kompass auf den Weg zu Schloss Höhenstamm. Am Fuß des Berges müssen sie auf einer schmalen Brücke einen Fluss überqueren. Nun führt die Straße den Hang hinauf. Oben angekommen begrüßt sie eine süße Führerin. Mit einem großen Schlüssel schließt sie das Schloss auf und lässt die Kinder ein. Die Führung macht großen Spaß.

(63 Wörter, davon 17 GWS-Wörter oder davon abgeleitete Wörter
und 14 Wörter zur Nachdenkstrategie ss / ß)

Nachdenkstrategien

Vor ss steht ein kurzer Selbstlaut,
Schloss, Klasse, Kompass, müssen, Fluss
Schlüssel, lässt

lang gesprochener i-Laut ➡ *ie:*
sie, schließt
ä/äu ➡ *verwandtes Wort mit a:*
lässt
Auslautverhärtung bei b,d,g ➡ *Verlängerung:*
Ausflug, Weg, Berg, Hang, Kind, Führung
Rückführung zur Grundform:
lässt
silbentrennendes h ➡ *Verlängerung:*
Höhe
kurzer Vokal, Mitlautverdopp. ohne ss, tz, ck:
Stamm, Brücke, angekommen

orthografische Merkstellen

vor ß steht ein langer Selbstlaut:
Fuß, Straße, begrüßt, süß, groß, schließt,
Spaß

besondere Wörter / qu-Laut:
überqueren

Dehnungs-h:
führt, Führerin, Führung

Bezug zum Skript: Deutsch kompakt 3:
3/II/S.45-50

Lückentext zum Andiktieren der Grundwortschatzwörter sowie der Wörter zum behandelten Rechtschreibfall

[_____] **zum** [_____]

Die [_____] macht sich mit Karte und [_____] auf den Weg zu [_____] [_____]. Am [_____] des Berges [_____] sie auf einer schmalen [_____] einen [_____] [_____]. Nun [_____] die [_____] den [_____] hinauf. Oben angekommen [_____] sie eine [_____] [_____]. Mit einem [_____] [_____] sie das [_____] auf und [_____] die Kinder ein. Die [_____] macht [_____] [_____].

Lückentext zum Üben (Lückenwörter als Purzelwörter)

[_____] (Afglsuu) **zum** [_____] (chloSss)

Die [_____] (aeKlss) macht sich mit Karte und [_____] (aKmopss) auf den Weg zu [_____] (chloSss) [_____] (aeHhömmnst). Am [_____] (Fßu) des Berges [_____] (emnssü) sie auf einer schmalen [_____] (Bcekrü) einen [_____] (Flssu) [_____] (beeenqrruü). Nun [_____] (fhrtü) die [_____] (aerSßt) den [_____] (agHn) hinauf. Oben angekommen [_____] (begrßtü) sie eine [_____] (esßü) [_____] (eFhinrrü). Mit einem [_____] (egnorß) [_____] (cehllSssü) [_____] (cehilsßt) sie das [_____] (chloSss) auf und [_____] (älsst) die Kinder ein. Die [_____] (Fghnrüu) macht [_____] (egnorß) [_____] (apSß).

14

Thematik	*Der s-Laut*

GWS-Wortschatz

Namenwörter: Gebäude, Führung, Kuss, Schlüssel, Spaß, Tanne

Zeitwörter: bauen (NW: Bau), erblicken, erklären, fließen, führen (NW: Führerin), (be-)grüßen, lassen, passen, schließen (NW: Schloss und Schluss), wechseln

Eigenschaftswörter: besser, süß

sonstige Wörter: bisschen, bloß

nicht im GWS enthaltene Wörter: Besuch, besuchen, genau, Loch, Prinz, Schlappen, stecken

Text

Schlossbesuch

Die Klasse besucht Schloss Tannenbau. Die Führerin begrüßt sie und nimmt einen großen Schlüssel. Er passt genau ins Schlüsselloch. Sie lässt die Kinder bloß ein bisschen in das Gebäude. Sie erklärt: „Es ist besser, wenn ihr die Schuhe wechselt." Ihre Füße stecken nun in großen Schlappen. Das macht Spaß. Zum Schluss der Führung erblicken sie ein Bild. Ein süßes Mädchen in fließenden Kleidern gibt darauf einem Prinzen einen Kuss.

(71 Wörter, davon 21 GWS-Wörter oder davon abgeleitete Wörter und 16 Wörter zur Nachdenkstrategie ss / ß)

18 +
19 + 13

Nachdenkstrategien

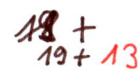

orthografische Merkstellen

Vor ss steht ein kurzer Selbstlaut, Schloss, Klasse, Schlüssel, passt, lässt, bisschen, besser, Schluss, Kuss	*vor ß steht ein langer Selbstlaut* begrüßt, groß, bloß, Füße, Spaß, süß, fließend

lung gesprochener i-Laut ➔ ie:
sie, fließenden

langes i, Schreibweise ih:
ihr, ihre

ä/äu ➔ verwandtes Wort mit a:
lässt, Gebäude, erklärt

ks-Laut:
wechseln

Auslautverhärtung bei b,d,g ➔ Verlängerung:
Führung, Bild, Mädchen, fließend, Kleid

Rückführung zur Grundform:
nimmt, passt, lässt, erklärt

silbentrennendes h ➔ Verlängerung:
Schuhe

Dehnungs-h:
Führerin, ihre, Führung

kurzer Vokal, Mitlautverdopp. ohne ss, tz, ck:
Tanne, nimmt, wenn, stecken, Schlappen, erblicken

Bezug zum Skript: Deutsch kompakt 3:
3/II/S.45-50

Nach l,n,r steht nie ck oder tz:
Prinz

Lückentext zum Andiktieren der Grundwortschatzwörter sowie der Wörter zum behandelten Rechtschreibfall

☐————————-besuch

Die ☐———— besucht ☐———— ☐————————. Die ☐————————☐———— sie und nimmt einen ☐————. Er ☐———— genau ins ☐————-loch. Sie ☐———— die Kinder ☐———— ein ☐———— in das ☐————. Sie ☐————: „Es ist ☐————, wenn ihr die Schuhe ☐————." Ihre ☐———— stecken nun in ☐———— Schlappen. Das macht ☐————. Zum ☐———— der ☐———— ☐———— sie ein Bild. Ein ☐———— Mädchen in ☐———— Kleidern gibt darauf einem Prinzen einen ☐———— .

Lückentext zum Üben (Lückenwörter als Purzelwörter)

☐————————-besuch (chloSss)

Die ☐———— (aeKlss) besucht ☐———— (chloSss) ☐———————— (aabennnTu). Die ☐———— (eFhinrrü) ☐———— (begrßtü) sie und nimmt einen ☐———— (egnorß) ☐———— (cehllSssü). Er ☐———— (apsst) genau ins ☐————-loch (cehllSssü). Sie ☐———— (älsst) die Kinder ☐———— (bloß) ein ☐———— (bcehinss) in das ☐———— (äbdeeGu). Sie ☐———— (äeklrrt): „Es ist ☐———— (beerss), wenn ihr die Schuhe ☐———— (cheelstw)." Ihre ☐———— (eFßü) stecken nun in ☐———— (egnorß) Schlappen. Das macht ☐———— (apSß). Zum ☐———— (chlSssu) der ☐———— (Fghnrüu) ☐———— (bceeiklnr) sie ein Bild. Ein ☐———— (essßü) Mädchen in ☐———— (deeefilnnß) Kleidern gibt darauf einem Prinzen einen ☐———— (Kssu).

Thematik	Der s-Laut

GWS-Wortschatz

Namenwörter: Draht, Kompass, Nuss, Pass, Schlüssel, Spaß, Straße

Zeitwörter: messen (NW: Maß), passen, wissen

Eigenschaftswörter: nass, schrecklich

sonstige Wörter: bisschen, bloß, jemand, links, mehr, rechts

nicht im GWS enthaltene Wörter: brechen, Fußgänger, spannen, stolpern, zwischen

Text

Unfall

Gestern passierte ein schrecklicher Unfall. Irgendjemand musste zwischen zwei Nussbäumen rechts und links der Straße ein Maß-band aus Draht gespannt haben. Eine Fußgängerin passte nicht auf und stolperte bloß ein bisschen darüber. So fielen Schlüssel, Pass und sogar ein Kompass aus ihrer Tasche auf die nasse Straße und der Fuß der Frau war gebrochen. Man sollte wissen, dass das kein Spaß mehr ist.

(64 Wörter, davon 18 GWS-Wörter oder davon abgeleitete Wörter
und 17 Wörter zur Nachdenkstrategie ss / ß)

Nachdenkstrategien   orthografische Merkstellen

Vor ss steht ein kurzer Selbstlaut,
passierte, musste, Nuss, passte, bisschen, Schlüssel, Pass, Kompass, nass, wissen, dass

vor ß steht ein langer Selbstlaut
Straße, Maßband, Fußgängerin, bloß, Straße, Spaß

lang gesprochener i-Laut ➡ ie:
passierte, fielen
ä/äu ➡ verwandtes Wort mit a:
Bäume, Fußgängerin

ks-Laut bzw. z-Laut ts geschrieben:
links // rechts

Auslautverhärtung bei b,d,g ➡ Verlängerung:
irgendjemand, Band
Rückführung zur Grundform:
musste, gespannt, passte

Dehnungs-h:
Draht, mehr

kurzer Vokal, Mitlautverdopp. ohne ss, tz, ck:
Unfall, schrecklich, gespannt, sollte

Bezug zum Skript: Deutsch kompakt 3:
3/II/S.45-50

Lückentext zum Andiktieren der Grundwortschatzwörter sowie der Wörter zum behandelten Rechtschreibfall

---

Unfall

Gestern ⬚⬚⬚⬚⬚ ein ⬚⬚⬚⬚⬚ Unfall.
Irgend-⬚⬚⬚ ⬚⬚⬚ zwischen zwei

⬚⬚⬚ -bäumen ⬚⬚⬚ und ⬚⬚⬚ der

⬚⬚⬚ ein ⬚⬚⬚ -band aus ⬚⬚⬚ gespannt

haben. Eine ⬚⬚⬚ -gängerin ⬚⬚⬚ nicht auf und stolperte

⬚⬚⬚ ein ⬚⬚⬚ darüber. So fielen ⬚⬚⬚ ,

⬚⬚⬚ und sogar ein ⬚⬚⬚ aus ihrer Tasche auf die

⬚⬚⬚ ⬚⬚⬚ und der ⬚⬚⬚ der Frau war gebro-

chen. Man sollte ⬚⬚⬚ , ⬚⬚⬚ das kein

⬚⬚⬚ ⬚⬚⬚ ist.

Lückentext zum Üben (Lückenwörter als Purzelwörter)

Unfall

Gestern ⬚⬚⬚ (aeeiprsst) ein ⬚⬚⬚
(cccceehhiklrrs) Unfall. Irgend-⬚⬚⬚ (adejmn) ⬚⬚⬚
(emsstu) zwischen zwei ⬚⬚⬚ -bäumen (Nssu) ⬚⬚⬚
(cehrst) und ⬚⬚⬚ (iklns) der ⬚⬚⬚ (aerSßt) ein
⬚⬚⬚ -band (aMß) aus ⬚⬚⬚ (aDhrt) gespannt haben.
Eine ⬚⬚⬚ -gängerin (Fßu) ⬚⬚⬚ (aepsst) nicht auf und stolperte ⬚⬚⬚ (bloß) ein ⬚⬚⬚ (bcehinss) darüber. So
fielen ⬚⬚⬚ (cehllSssü), ⬚⬚⬚ (aPss) und sogar ein
⬚⬚⬚ (aKompss) aus ihrer Tasche auf die ⬚⬚⬚
(aenss) ⬚⬚⬚ (aerSßt) und der ⬚⬚⬚ (Fßu) der Frau war
gebrochen. Man sollte ⬚⬚⬚ (einssw), ⬚⬚⬚ (adss)
das kein ⬚⬚⬚ (apSß) ⬚⬚⬚ (ehmr) ist.

Thematik	*Wörter mit Dehnungs - h*

GWS-Wortschatz

Namenwörter: Bahn, Draht, Lehrer, Mitte (Mittel), Nahrung

Zeitwörter: erklären, erzählen, hängen, klettern, spazieren, wählen

Eigenschaftswörter: ähnlich, dick, ehrlich (NW: Ehre), natürlich

sonstige Wörter: mehr (vielmehr), während

nicht im GWS enthaltene Wörter: befördern, beide, Berg. früher, Geschichte, hinauf, oben, Preis, Rettung, überlegen, Wendelstein

Text

Hinauf auf den Wendelstein

Der Lehrer meint: „Wir können wählen, ob wir mit der Zahnrad-bahn oder der Seilbahn, die an dicken Drähten hängt, nach oben fahren. Vom Preis und Verkehr her wird es bei beiden ähnlich sein. Zu unserer Ehrenrettung könnten wir natürlich auch zu Fuß hinaufspazieren oder vielmehr hinaufklettern." Während die Schüler überlegen, erklärt der Lehrer, dass mit der Bahn auch Nahrungsmittel befördert werden und erzählt Geschichten vom Berg aus früherer Zeit.

(61 Wörter, davon 17 GWS-Wörter oder davon abgeleitete Wörter und 14 Wörter mit Dehnungs-h)

Nachdenkstrategien

silbentrennendes h ➡ Verlängerung:
früher

lang gesprochener i-Laut ➡ ie:
spazieren, vielmehr
ä/äu ➡ verwandtes Wort mit a:
wählen, Drähte, hängt, ähnlich, erklärt, erzählt
Auslautverhärtung bei b,d,g ➡ Verlängerung:
Zahnrad, hängt, wird, Rettung, während, Nahrung, Berg
Rückführung zur Grundform:
hängt, könnten, erklärt
kurzer Vokal und Mitlautverdoppelung, tz, ck:
können, dick, Rettung, könnten, klettern, Mittel
Wortbausteine: Vorsilben bei ZW:
hinauf- , er-

orthografische Merkstellen

Dehnungs-h:
Lehrer, wählt, Zahnradbahn, Seilbahn, Draht, fahren, Verkehr, ähnlich, Ehre, vielmehr, während, Nahrung, erzählt, früh

Wörter mit ä ohne Ableitung:
während
Wörter mit v/V:
Verkehr, vielmehr
Wörter mit ß:
Fuß
besondere Wörter:
spazieren

Bezug zum Skript: Deutsch kompakt 3:

3/II/S.37-40

Lückentext zum Andiktieren der Grundwortschatzwörter sowie der Wörter zum behandelten Rechtschreibfall

Hinauf auf den Wendelstein

Der [＿＿＿＿＿] meint: „Wir können [＿＿＿＿＿], ob wir mit der [＿＿＿＿＿] oder der [＿＿＿＿＿], die an [＿＿＿＿＿] [＿＿＿＿＿] [＿＿＿＿＿], nach oben [＿＿＿＿＿]. Vom Preis und [＿＿＿＿＿] her wird es bei beiden [＿＿＿＿＿] sein. Zu unserer [＿＿＿＿＿]-rettung könnten wir [＿＿＿＿＿] auch zu Fuß [＿＿＿＿＿] oder viel- [＿＿＿＿＿] [＿＿＿＿＿]." [＿＿＿＿＿] die Schüler überlegen, [＿＿＿＿＿] der [＿＿＿＿＿], dass mit der [＿＿＿＿＿] auch [＿＿＿＿＿] befördert werden und [＿＿＿＿＿] Geschichten vom Berg aus früherer Zeit.

Lückentext zum Üben (Lückenwörter als Purzelwörter)

Hinauf auf den Wendelstein

Der [＿＿＿＿＿] (eehLrr) meint: „Wir können [＿＿＿＿＿] (äehlnw), ob wir mit der [＿＿＿＿＿] (aaabdhhnnrZ) oder der [＿＿＿＿＿] (abehilnS), die an [＿＿＿＿＿] (cdeikn) [＿＿＿＿＿] (äDehnrt) [＿＿＿＿＿] (äghnt), nach oben [＿＿＿＿＿] (aefhnr). Vom Preis und [＿＿＿＿＿] (eehkrrV) her wird es bei beiden [＿＿＿＿＿] (ächhiln) sein. Zu unserer [＿＿＿＿＿]-rettung (Eehnr) könnten wir [＿＿＿＿＿] (achilnrtü) auch zu Fuß [＿＿＿＿＿] (aaeefhiinnprsuz) oder viel-[＿＿＿＿＿](ehmr) [＿＿＿＿＿] (aeefhiklnnrttu)." [＿＿＿＿＿] (ädehnrW) die Schüler überlegen, [＿＿＿＿＿] (äeklrrt) der [＿＿＿＿＿] (eehLrr), dass mit der [＿＿＿＿＿] (aBhn) auch [＿＿＿＿＿] (aeghilmNnrustt) befördert werden und [＿＿＿＿＿] (äehlrtz) Geschichten vom Berg aus früherer Zeit.

Thematik	*Wörter mit Dehnungs - h*

GWS-Wortschatz

Namenwörter: Bahn, Draht, Fehler, Lehrer, Mitte (Mittel), Nahrung, Süßigkeit

Zeitwörter: (ab-)biegen, erklären, passen (hier: passend), schaffen, wählen

Eigenschaftswörter: ähnlich, ehrlich (NW: Ehre)

sonstige Wörter: links, mehr, rechts, vielleicht, während

nicht im GWS enthaltene Wörter: Fahrradprüfung, ordnen, Punkt, Schild, Wimpel

Text

Fahrradprüfung

Der Lehrer erklärt: „Wählt euch einen passenden Drahtesel aus!
Fahrt immer rechts auf der Fahrbahn! Ordnet euch zur Mitte ein,
wenn ihr nach links abbiegen wollt! Achtet auf die Verkehrsschil-
der! Nehmt während der Fahrt keine Nahrungsmittel, Süßigkeiten
oder ähnliches zu euch! Um die Prüfung zu bestehen, dürft ihr
nicht mehr als zehn Fehlerpunkte haben. Vielleicht schafft ihr
sogar einen Ehrenwimpel."

(61 Wörter, davon 19 GWS-Wörter oder davon abgeleitete Wörter
und 16 Wörter mit Dehnungs-h)

Nachdenkstrategien

silbentrennendes h ➡ Verlängerung:
bestehen
lang gesprochener i-Laut ➡ ie:
abbiegen, vielleicht
ä/äu ➡ verwandtes Wort mit a:
erklärt, wählt, ähnlich
Auslautverhärtung bei b,d,g ➡ Verlängerung:
Fahrradprüfung, passend, während, Nahrung,
Süßigkeit, Prüfung
Rückführung zur Grundform:
erklärt, fahrt, schafft
kurzer Vokal und Mitlautverdoppelung, tz, ck:
passend, immer, Mitte(l), wenn, wollt, schafft
Nach l,n,r steht nie tz oder ck:
links

orthografische Merkstellen

Dehnungs-h:
Fahrrad, Lehrer, wählt, Draht, fahren, Fahrbahn, ihr, Verkehr, nehmt, während, Nahrung, ähnlich, mehr, zehn, Fehler, Ehre

Wörter mit ä ohne Ableitung:
während
Wörter mit v/V:
Verkehr, vielleicht

Wörter mit ß:
Süßigkeiten
ks-Laut bzw. z-Laut ts geschrieben:
links // rechts

Bezug zum Skript: Deutsch kompakt 3:

3/II/S.37-40

Lückentext zum Andiktieren der Grundwortschatzwörter sowie der Wörter zum behandelten Rechtschreibfall

[_____]-prüfung

Der [_____] [_____]: „[_____] euch einen
[_____] [_____]-esel aus! [_____] immer
[_____] auf der [_____]! Ordnet euch zur
[_____] ein, wenn ihr nach [_____] [_____]
wollt! Achtet auf die [_____]-schilder!
[_____] der [_____] keine [_____],
[_____] oder [_____] zu euch! Um die
Prüfung zu bestehen, dürft ihr nicht [_____] als [_____]
[_____]-punkte haben. [_____] [_____]
[_____] sogar einen [_____]-wimpel.“

Lückentext zum Üben (Lückenwörter als Purzelwörter)

[_____]-prüfung (aadFhrr)

Der [_____] (eehLrr) [_____] (äeklrrt): „[_____]
(ähltW) euch einen [_____] (adeennpss) [_____]-esel
(aDhrt) aus! [_____] (aFhrt) immer [_____] (cehrst) auf der
[_____] (aabFhhnr)! Ordnet euch zur [_____] (eiMtt) ein,
wenn ihr nach [_____] (iklns) [_____] (abbeegin) wollt!
Achtet auf die [_____]-schilder (eehkrrsV)! [_____]
(ehmNt) [_____] (ädehnrw) der [_____] (aFhrt) keine
[_____] (aeghilmNnrsttu), [_____] (eegiiknSßtü)
oder [_____] (äcehhilns) zu euch! Um die Prüfung zu bestehen,
dürft ihr nicht [_____] (ehmr) als [_____] (ehnz) [_____]-
punkte (eeFhlr) haben. [_____] (ceehiilltV) [_____]
(acffhst) [_____] (hir) sogar einen [_____]-wimpel (Eehnr).“

Thematik	Wörter mit aa, ee, oo

GWS-Wortschatz

Namenwörter: Boot, Meer, Moos, See, Traum

Zeitwörter: beobachten, drehen, entdecken, lassen, schmecken

Eigenschaftswörter: frei, offen, tief

sonstige Wörter: außen (außerdem), während, zuletzt

nicht im GWS enthaltene Wörter: Erdbeertorte, Fee, Kaffee, Klee, Sahne, Segel, seiden, Wal, weich, Zoo, zuerst

Text

Vier Wünsche frei

Gabi entdeckt ein vierblättriges Kleeblatt. Während sie es hin und her dreht, erscheint eine Fee mit seidenem Haar: „Du hast vier Wünsche frei." Gabi legt gleich los. Zuerst möchte ich mit einem Segelboot aufs offene Meer hinaus. Auf tiefer See möchte ich wie im Zoo einen Wal beobachten. Außerdem möchte ich Kaffee oder Tee trinken und mir Erdbeertorte mit Sahneschnee schmecken lassen. Zuletzt möchte ich im weichen Moos schlafen.
Doch alles war nur ein Traum.

(78 Wörter, davon 16 GWS-Wörter oder davon abgeleitete Wörter
und 12 Wörter mit aa, ee, ie, oo)

Nachdenkstrategien

kurzer Vokal und Mitlautverdoppelung, tz, ck:
entdeckt, vierblättrig, Kaffee, lassen,
zuletzt, alles
Nach l, n, r steht nie tz oder ck:
trinken
ä/äu → verwandtes Wort mit a:
vierblättrig
Auslautverhärtung bei b, d, g → Verlängerung:
vierblättrig, während, legt
Rückführung zur Grundform:
entdeckt, dreht, legt
silbentrennendes h → Verlängerung:
drehen
lang gesprochener i-Laut → ie:
vier, tiefer, wie

orthografische Merkstellen

doppelter Vokal:
Kleeblatt, Fee, Haar, Boot, Meer, See,
Zoo, Kaffee, Tee, Erdbeertorte, Schnee,
Moos

Wörter mit ä ohne Ableitung:
während
Wörter mit v/V: vier
Wörter mit ß: außerdem
besondere Wörter:
Kaffee
Dehnungs-h:
während, dreht, Sahne

Bezug zum Skript: Deutsch kompakt 3:

3/II/S.43-44

Lückentext zum Andiktieren der Grundwortschatzwörter sowie der Wörter zum behandelten Rechtschreibfall

Vier Wünsche [_____]

Gabi [_____] ein vierblättriges [_____]-blatt.

[_____] sie es hin und her [_____], erscheint eine

[_____] mit seidenem [_____]: „Du hast vier Wünsche

[_____]." Gabi legt gleich los. Zuerst möchte ich mit einem

Segel-[_____] aufs [_____] [_____] hinaus. Auf

[_____] [_____] möchte ich wie im [_____] einen Wal

[_____]. [_____] möchte ich [_____] oder

[_____] trinken und mir [_____]-torte mit

Sahne-[_____] [_____] [_____].

[_____] möchte ich im weichen [_____] schlafen.

Doch alles war nur ein [_____].

Lückentext zum Üben (Lückenwörter als Purzelwörter)

Vier Wünsche [_____] (efir)

Gabi [_____] (cdeekntt) ein vierblättriges [_____]-blatt

(eeKl). [_____] (ädehnrW) sie es hin und her [_____]

(dehrt), erscheint eine [_____] (eeF) mit seidenem [_____]

(aaHr): „Du hast vier Wünsche [_____] (efir)." Gabi legt gleich los.

Zuerst möchte ich mit einem Segel-[_____] (boot) aufs

[_____] (eeffno) [_____] (eeMr) hinaus. Auf [_____]

(eefirt) [_____] (eeS) möchte ich wie im [_____] (ooZ) einen Wal

[_____] (abbceehnot). [_____] (Adeemßru) möchte

ich [_____] (aeeffK) oder [_____] (eeT) trinken und mir

[_____]-torte (bdEeerr) mit Sahne-[_____] (ceehns)

[_____] (cceehkmns) [_____] (aelnss). [_____]

(elttuZz) möchte ich im weichen [_____] (ooMs) schlafen.

Doch alles war nur ein [_____] (amrTu).

24

Thematik	*Wörter mit aa, ee, ie, oo*

GWS-Wortschatz

Namenwörter:	Meer, Moos, See
Zeitwörter:	beobachten, entdecken, gewinnen, kriechen, riechen, stärken (NW: Stärkung)
Eigenschaftswörter:	dick, lang, scharf
sonstige Wörter:	schließlich, zuletzt
nicht im GWS enthaltene Wörter:	Aal, besonders, Besuch, bieten, Erdbeere, Kröte, siegen, Wettbewerb, Ziege, Zoo, zuerst

Text

Besuch im Zoo

Hans hat bei einem Wettbewerb gesiegt und einen Zoobesuch gewonnen. Zuerst entdeckt er die Meerschweinchen. Eins hat besonders lange Haare. Eine dicke Kröte kriecht über Gras und Moos. Bei den Ziegen riecht es scharf. Schließlich beobachtet er Seeaale im Wasser. Zuletzt bietet ihm Mutter Erdbeerkuchen und Tee zur Stärkung an.

(52 Wörter, davon 14 GWS-Wörter oder davon abgeleitete Wörter
und 14 Wörter mit aa, ee, ie, oo)

Nachdenkstrategien

lang gesprochener i-Laut ➜ *ie:*
gesiegt, kriecht, Ziege, riecht, schließlich, bietet

ä/äu ➜ *verwandtes Wort mit a:*
Stärkung

Auslautverhärtung bei b,d,g ➜ *Verlängerung:*
Wettbewerb, gesiegt, lang, Stärkung
Rückführung zur Grundform:
gesiegt, entdeckt
kurzer Vokal und Mitlautverdoppelung, tz, ck:
Wettbewerb, gewonnen, entdeckt, dick, Wasser, zuletzt, Mutter
Nach l,n,r steht nie tz oder ck:
Stärkung

orthografische Merkstellen

doppelter Vokal:
Zoo, Meerschweinchen, Haare, Moos, See, Aal, Erdbeere, Tee

Wörter mit ß:
schließlich

Bezug zum Skript: Deutsch kompakt 3:
3/II/S.41-44

Lückentext zum Andiktieren der Grundwortschatzwörter sowie der Wörter zum behandelten Rechtschreibfall

Besuch im ☐

Hans hat bei einem Wettbewerb ☐ und einen ☐-besuch ☐. Zuerst ☐ er die ☐-schweinchen. Eins hat besonders ☐ ☐. Eine ☐ Kröte ☐ über Gras und ☐. Bei den ☐ ☐ es ☐. ☐ ☐ er ☐ im Wasser. ☐ ☐ ihm Mutter ☐-kuchen und ☐ zur ☐ an.

Lückentext zum Üben (Lückenwörter als Purzelwörter)

Besuch im ☐ (ooZ)

Hans hat bei einem Wettbewerb ☐ (eeggist) und einen ☐-besuch (ooZ) ☐ (eegnnnow). Zuerst ☐ (cdeekntt) er die ☐-schweinchen (eeMr). Eins hat besonders ☐ (aegln) ☐ (aaeHr). Eine ☐ (cdeik) Kröte ☐ (cehikrt) über Gras und ☐ (ooMs). Bei den ☐ (eeginZ) ☐ (ceihrt) es ☐ (acfhrs). ☐ (ccehhiillSß) ☐ (abbceehott) er ☐ (aaeeelS) im Wasser. ☐ (elttuZz) ☐ (beeitt) ihm Mutter ☐-kuchen (bdEeerr) und ☐ (eeT) zur ☐ (ägknrStu) an.

Thematik	*Bezeichnete Dehnung-Zusammenfassung*

GWS-Wortschatz

Namenwörter: Boot, Gefahr, Höhe (EW: hohe), Meer, Moos, See

Zeitwörter: gewinnen, riechen, schieben, umkehren, verlieren, wachsen (bewachsen), wiegen

Eigenschaftswörter: kräftig, ruhig, schief

sonstige Wörter: plötzlich, schließlich

nicht im GWS enthaltene Wörter: Luft, Stein, Sturm

Text

Gefahr am Meer

Herr Leere will mit seinem Boot aufs Meer hinausfahren. Das Boot liegt ruhig und leicht schief auf den mit Moos bewachsenen Steinen. Herr Leere schiebt kräftig. Schließlich wiegt sich das Boot auf hoher See. Es riecht nach Seeluft.
Plötzlich kommt ein Sturm auf. Herr Leere kehrt um. Wird er gegen den Sturm siegen oder verlieren.

(58 Wörter, davon 18 GWS-Wörter oder davon abgeleitete Wörter
und 16 Wörter zur Dehnung)

Nachdenkstrategien

lang gesprochener i-Laut ➡ *ie:*
liegt, schief, schiebt, schließlich, wiegt
riecht, siegen, verlieren

silbentrennendes h ➡ *Verlängerung:*
ruhig, hoher

Auslautverhärtung bei b,d,g ➡ *Verlängerung:*
liegt, ruhig, schiebt, kräftig, wiegt, wird

Rückführung zur Grundform:
will, liegt, schiebt, wiegt, kommt, wird

kurzer Vokal und Mitlautverdoppelung, tz, ck:
will, plötzlich, kommt

ä/äu ➡ *verwandtes Wort mit a:*
kräftig

orthografische Merkstellen

doppelter Vokal:
Meer, Leere, Boot, Moos, See
Dehnungs-h:
Gefahr, fahren, kehrt um

Wörter mit v/V:
verlieren
Wörter mit ß:
schließlich
ks-Laut:
bewachsen

Bezug zum Skript: Deutsch kompakt 3:

3/II/S.37-44

Lückentext zum Andiktieren der Grundwortschatzwörter sowie der Wörter zum behandelten Rechtschreibfall

[_____] **am** [_____]

Herr [_____] will mit seinem [_____] aufs [_____]. Das [_____] [_____] und leicht [_____] auf den mit [_____] [_____] Steinen. Herr [_____]. [_____] [_____] sich das [_____] auf [_____] [_____]. Es [_____] nach [_____]-luft.

[_____] kommt ein Sturm auf. Herr [_____] [_____] um. Wird er gegen den Sturm [_____] oder [_____].

Lückentext zum Üben (Lückenwörter als Purzelwörter)

[_____] (aefGhr) **am** [_____] (eeMr)

Herr [_____] (eeeLr) will mit seinem [_____] (Boot) aufs [_____] (eeMr) [_____] (aaefhhinnrsu). Das [_____] (Boot) [_____] (egilt) [_____] (ghiru) und leicht [_____] (cefhis) auf den mit [_____] (Moos) [_____] (abceeehnnsw) Steinen. Herr [_____] (eeeLr) [_____] (bcehist) [_____] (äfgikrt). [_____] (ccehhiillSß) [_____] (egitw) sich das [_____] (Boot) auf [_____] (ehhor) [_____] (eeS). Es [_____] (cehirt) nach [_____]-luft (eeS).

[_____] (chillöPtz) kommt ein Sturm auf. Herr [_____] (eeeLr) [_____] (ehkrt) um. Wird er gegen den Sturm [_____] (eegins) oder [_____] (eeeilnrrv).

Thematik	*Weicher Mitlaut am Wortende (b, d, g)*

GWS-Wortschatz

Namenwörter: Angst, Brand, Flug(-zeug), Gefahr, Jugend, Krieg, Land, Strand, Urlaub, Wald

Zeitwörter: erzählen

Eigenschaftswörter: blind, wild (ZW: wildern)

sonstige Wörter: niemand

nicht im GWS enthaltene Wörter: damals, früher, halb, leisten

Text

Omas Kindheit

Oma erzählt von ihrer Jugend. Krieg und Brand waren damals große Gefahren und machten allen Angst. Wir lebten auf dem Land. Großvater war halb blind. Er hatte früher sogar am Tag in den Wäldern gewildert. Wir hatten kein Geld und lebten von der Hand in den Mund.
Einen Flug in den Urlaub an einen schönen Sandstrand konnte sich niemand leisten.

19

(62 Wörter, davon 14 GWS-Wörter oder davon abgeleitete Wörter
und 19 Wörter zur Nachdenkstrategie Auslautverhärtung am Wortende)

Nachdenkstrategien

Auslautverhärtung bei b, d, g:
Kind, Jugend, Krieg, Brand, lebten, Land, halb, blind, Tag, Wald, wild, Geld, Hand, Mund, Flug, Urlaub, Sand, Strand, niemand

lang gesprochener i-Laut ➜ ie:
Krieg, niemand

silbentrennendes h ➜ Verlängerung:
früher

ä/äu ➜ verwandtes Wort mit a:
erzählt, Wälder

Rückführung zur Grundform:
lebten, konnte

kurzer Vokal und Mitlautverdoppelung, tz, ck:
hatte, konnte

orthografische Merkstellen

langes i, Schreibweise i oder ih:
ihr

Dehnungs-h:
erzählt, ihrer, Gefahr

Wörter mit ß:
groß, Großvater

Wörter mit v/V:
von, Großvater

ks-Laut bzw. z-Laut ts geschrieben: Angst

Bezug zum Skript: Deutsch kompakt 3:
3/II/S.51-54

Lückentext zum Andiktieren der Grundwortschatzwörter sowie der Wörter zum behandelten Rechtschreibfall

Omas [＿＿＿＿＿＿＿]

Oma [＿＿＿＿＿＿＿] von ihrer [＿＿＿＿＿＿＿]. [＿＿＿＿＿＿＿] und [＿＿＿＿＿＿＿] waren damals große [＿＿＿＿＿＿＿] und machten allen [＿＿＿＿＿＿＿]. Wir [＿＿＿＿＿＿＿] auf dem [＿＿＿＿＿＿＿]. Großvater war [＿＿＿＿＿＿＿] [＿＿＿＿＿＿＿]. Er hatte früher sogar am [＿＿＿＿＿＿＿] in den [＿＿＿＿＿＿＿] [＿＿＿＿＿＿＿]. Wir hatten kein [＿＿＿＿＿＿＿] und [＿＿＿＿＿＿＿] von der [＿＿＿＿＿＿＿] in den [＿＿＿＿＿＿＿]. Einen [＿＿＿＿＿＿＿] in den [＿＿＿＿＿＿＿] an einen schönen [＿＿＿＿＿＿＿] konnte sich [＿＿＿＿＿＿＿] leisten.

Lückentext zum Üben (Lückenwörter als Purzelwörter)

Omas [＿＿＿＿＿＿＿] (dehiiKnt)

Oma [＿＿＿＿＿＿＿] (äehlrtz) von ihrer [＿＿＿＿＿＿＿] (degJnu). [＿＿＿＿＿＿＿] (egiKr) und [＿＿＿＿＿＿＿] (aBdnr) waren damals große [＿＿＿＿＿＿＿] (aeefGhnr) und machten allen [＿＿＿＿＿＿＿] (Agnst). Wir [＿＿＿＿＿＿＿] (beelnt) auf dem [＿＿＿＿＿＿＿] (adLn). Großvater war [＿＿＿＿＿＿＿] (abhl) [＿＿＿＿＿＿＿] (bdiln). Er hatte früher sogar am [＿＿＿＿＿＿＿] (agT) in den [＿＿＿＿＿＿＿] (ädelnrW) [＿＿＿＿＿＿＿] (deegilrtw). Wir hatten kein [＿＿＿＿＿＿＿] (deGl) und [＿＿＿＿＿＿＿] (beelnt) von der [＿＿＿＿＿＿＿] (adHn) in den [＿＿＿＿＿＿＿] (dMnu). Einen [＿＿＿＿＿＿＿] (Fglu) in den [＿＿＿＿＿＿＿] (ablrUu) an einen schönen [＿＿＿＿＿＿＿] (aaddnnrSst) konnte sich [＿＿＿＿＿＿＿] (adeimnn) leisten.

Thematik	*Auslautverhärtung am Wortende*

GWS-Wortschatz

<u>Namenwörter:</u>	Durst, Geburt, Hunger, Jugend, Kraft, Land, Lohn, Mittag, Süßigkeiten, Zukunft
<u>Zeitwörter:</u>	erzählen, heizen, kennen
<u>Eigenschaftswörter:</u>	feucht, hart, jung, kräftig, spät,
<u>sonstige Wörter:</u>	bisschen, häufig

<u>nicht im GWS enthaltene Wörter:</u> damals, sparen, stattfinden, Wirtschaft

Text

Omas Jugend

Oma erzählt weiter. Die Zeit damals war hart. Unsere Kraft brauchten wir für die Landwirtschaft. Wir jungen Leute arbeiteten oft bis spät abends. Mittags gab es ein bisschen Brot. Häufig hatten wir Hunger und Durst. Süßigkeiten kannten wir nicht. Unseren Lohn sparten wir für die Zukunft. Eine Geburt fand meist zu Hause statt. Damit es im Haus nicht zu feucht war, heizte man kräftig.

(66 Wörter, davon 20 GWS-Wörter oder davon abgeleitete Wörter
und 22 Wörter zur Nachdenkstrategie Auslautverhärtung am Wortende)

Nachdenkstrategien

Auslautverhärtung:
Jugend, Zeit, hart, Kraft, Landwirtschaft, jung, oft, spät, abends, mittags, gab, Brot, häufig, Durst, Süßigkeit, nicht, Zukunft, Geburt, fand, damit, feucht, kräftig

ä/äu ➜ *verwandtes Wort mit a:*
erzählt, spät (bayr. „spat"), häufig, kräftig
Rückführung zur Grundform:
gab, kannten, sparten, fand, heize
kurzer Vokal und Mitlautverdoppelung, tz, ck:
mittags, bisschen, hatten, kannten, statt
Nach Doppellaut steht nie tz oder ck:
heizen

orthografische Merkstellen

Dehnungs-h:
erzählt, Lohn
Wörter mit ß:
Süßigkeiten

Besonderheit:
Umstandswörter: abends, mittags

Bezug zum Skript: Deutsch kompakt 3:
3/II/S.51-56

Lückentext zum Andiktieren der Grundwortschatzwörter sowie der Wörter zum behandelten Rechtschreibfall

Omas [_____]

Oma [_____] weiter. Die [_____] damals war [_____]. Unsere [_____] brauchten wir für die [_____]. Wir [_____] Leute arbeiteten oft bis [_____] [_____] [_____] es ein [_____] [_____]. [_____] hatten wir [_____] und [_____]. [_____] wir [_____]. Unseren [_____] sparten wir für die [_____]. Eine [_____] [_____] meist zu Hause statt. [_____] es im Haus nicht zu [_____] war, [_____] man [_____].

Lückentext zum Üben (Lückenwörter als Purzelwörter)

Omas [_____] (degJnu)

Oma [_____] (äehlrtz) weiter. Die [_____] (eitZ) damals war [_____] (ahrt). Unsere [_____] (afKrt) brauchten wir für die [_____] (aacdfhiLnrsttw). Wir [_____] (egjnnu) Leute arbeiteten oft bis [_____] (äpst) [_____] (abdens). [_____] (agiMstt) [_____] (abg) es ein [_____] (ckStü) [_____] (Bort). [_____] (äfgHiu) hatten wir [_____] (egHnru) und [_____] (Drstu). (eegiiknSßtü) [_____] (aeknnnt) wir [_____] (chint). Unseren [_____] (hLno) sparten wir für die [_____] (fkntuuZ). Eine [_____] (beGrtu) [_____] (adfn) meist zu Hause statt. [_____] (aDimt) es im Haus nicht zu [_____] (cefhtu) war, [_____] (eehitz) man [_____] (äfgikrt).

32

Thematik	*Leben mit der Natur - Der Wald*

GWS-Wortschatz

Namenwörter:	Bau (bauen), Beobachtung, Fuchs, Hang, Lärm, Laub, Moos, Reh, Tanne, Wald
Zeitwörter:	bedecken (Decke), beginnen, beobachten, erschrecken, erzählen, fressen
Eigenschaftswörter:	letzte, dick
sonstige Wörter:	plötzlich

nicht im GWS enthaltene Wörter: stolpern, Zweig

Text

Im Wald

Als ich das letzte Mal im Wald war, sah ich plötzlich zwei Rehe. Sie kamen einen mit Moos und Laub bedeckten Hang herunter. Ich beobachtete, wie sie zu fressen begannen. Da stolperte ich über einen dicken Tannenzweig. Der Lärm erschreckte die Rehe und sie liefen davon. Auf dem Weg nach Hause sah ich noch den Bau eines Fuchses. Daheim erzählte ich von meinen Beobachtungen.

(66 Wörter, davon 19 GWS-Wörter oder davon abgeleitete Wörter)

Nachdenkstrategien

lang gesprochener i-Laut ➡ ie:
liefen
ä/äu ➡ verwandtes Wort mit a:
Lärm (Alarm), erzählte (Zahl)
Auslautverhärtung bei b,d,g ➡ Verlängerung:
Wald, Laub, Hang, Zweig, Weg
silbentrennendes h ➡ Verlängerung:
Rehe
Rückführung zur Grundform:

kurzer Vokal und Mitlautverdoppelung, tz, ck:
letzte, plötzlich, bedeckt, fressen, begannen,
dick, Tanne, erschreckte
Nach l,n,r oder Doppellaut steht nie ck oder tz:

Wortbausteine: Vorsilbe be- *und* er-,
Nachsilben bei Namenwörtern: Beobachtung

orthografische Merkstellen

langes i, Schreibweise i:

Wörter mit ä ohne Ableitung:

doppelter Vokal:
Moos
Dehnungs-h:
sah, erzählte
Wörter mit v/V:
von, davon
Wörter mit ß:

ks-Laut bzw. z-Laut ts geschrieben:
Fuchs
besondere Wörter:

Lückentext zum Andiktieren der Wörter zum Grundwortschatz

Im Wald

Als ich das _____ Mal im _____ war, sah ich
_____ zwei _____. Sie kamen einen mit
_____ und _____ _____
_____ herunter. Ich _____, wie sie zu
_____ _____. Da stolperte ich über einen
_____ _____-zweig. Der _____
_____ die _____ und sie liefen davon. Auf dem
Weg nach Hause sah ich noch den _____ eines _____.
Daheim _____ ich von meinen _____.

Lückentext zum Üben (Lückenwörter als Purzelwörter)

Im Wald

Als ich das _____ (eelttz) Mal im _____ (adlW) war,
sah ich _____ (chillpötz) zwei _____ (eehR). Sie
kamen einen mit _____ (Moos) und _____ (abLu)
_____ (bcdeeeknt) _____ (agHn) herunter. Ich
_____ (abbceeehott), wie sie zu _____ (eefnrss)
_____ (abeegnnn). Da stolperte ich über einen
_____ (cdeikn) _____-zweig (aennnT). Der
_____ (äLmr) _____ (cceeehkrrst) die
_____ (eehR) und sie liefen davon. Auf dem Weg nach Hause
sah ich noch den _____ (aBu) eines _____ (ceFhssu).
Daheim _____ (äeehlrtz) ich von meinen _____
(aBbceeghnnotu).

Thematik	*Leben mit der Natur - Der Wald*

GWS-Wortschatz

Namenwörter: Fichte, Fuchs, Gewächs, Kiefer, Laub, Löffel, Moos, Pilz, Quelle, Reh, Stiel, Tanne, Trank (trinken, 2.Jgst.), Wald

Zeitwörter: riechen, schmecken, wachsen

Eigenschaftswörter: dick, kräftig, spitz

sonstige Wörter: bisschen, mehr

nicht im GWS enthaltene Wörter: brauen, kosten, Nadel, Zauber, Zutaten

Text

Der Hexentrank

Ich, die Hexe Wanda, wollte einen Zaubertrank brauen. Er sollte mich größer als jedes <u>Gewächs</u> im <u>Wald</u> machen. Dafür musste ich durch den ganzen <u>Wald</u> gehen und die Zutaten suchen: <u>Quell</u>wasser, <u>mehrere</u> <u>spitze</u> Nadeln von <u>Fichte</u>, <u>Kiefer</u> und <u>Tan-ne</u>, den <u>Stiel</u> eines <u>Pilzes</u>, ein <u>Reh</u>haar, eine <u>dicke</u> <u>Fuchs</u>pfote und einen Hasen<u>löffel</u>, ein <u>bisschen</u> <u>Laub</u> und <u>Moos</u>.
Ich kostete den Trank. Er <u>schmeckte</u> und <u>roch</u> <u>kräftig</u> und ich <u>wuchs</u> und <u>wuchs</u>.

(72 Wörter, davon 21 GWS-Wörter oder davon abgeleitete Wörter)

Nachdenkstrategien

lang gesprochener i-Laut ➨ *ie:*
Stiel, Kiefer
ä/äu ➨ *verwandtes Wort mit a:*
Gewächs (wachsen), kräftig (Kraft)
Auslautverhärtung bei b,d,g ➨ *Verlängerung:*
Trank, Wald, Laub
silbentrennendes h ➨ *Verlängerung:*
Reh (Rehe)
Rückführung zur Grundform:
wollte, sollte, musste, schmeckte
kurzer Vokal und Mitlautverdopplung, tz, ck:
Quellwasser, spitze, Tanne, dicke, Löffel, bisschen, schmeckte
Nach l,n,r oder Doppellaut steht nie ck oder tz:
Trank, ganzen, Pilz
Wortbausteine:

orthografische Merkstellen

langes i, Schreibweise i:

Wörter mit ä ohne Ableitung:

doppelter Vokal:
Haar, Moos
Dehnungs-h:
mehrere
Wörter mit v/V:

Wörter mit ß:
größer
ks-Laut bzw. z-Laut ts geschrieben:
Gewächs, Hexe, Fuchs, wuchs
besondere Wörter:

Lückentext zum Andiktieren der Wörter zum Grundwortschatz

Der Hexentrank

Ich, die Hexe Wanda, wollte einen Zaubertrank brauen. Er sollte mich größer als jedes _____ im _____ machen. Dafür musste ich durch den ganzen _____ gehen und die Zutaten suchen:

_____-wasser, _____ _____ Nadeln von _____, _____ und _____, den _____ eines _____, ein _____-haar, eine _____ _____-pfote und einen Hasen-_____, ein _____ _____ und _____.

Ich kostete den Trank. Er _____ und _____ _____ und ich _____ und _____.

Lückentext zum Üben (Lückenwörter als Purzelwörter)

Der Hexentrank

Ich, die Hexe Wanda, wollte einen Zaubertrank brauen. Er sollte mich größer als jedes _____ (äceGhsw) im _____ (adlW) machen. Dafür musste ich durch den ganzen _____ (adlW) gehen und die Zutaten suchen:

_____-wasser (ellQu), _____ (eeehmrr) _____ (eipstz) Nadeln von _____ (ceFhit), _____ (eefiKr) und _____ (aennT), den _____ (eilSt) eines _____ (eilPsz), ein _____-haar (ehR), eine _____ (cdeik) _____-pfote (cFhsu) und einen Hasen-_____ (effllö), ein _____ (bcehinss) _____ (abLu) und _____ (Moos).

Ich kostete den Trank. Er _____ (cceehkmst) und _____ (chor) _____ (äfgikrt) und ich _____ (chsuw) und _____ (chsuw).

Thematik	*Leben mit der Natur - Der Wald*

GWS-Wortschatz

Namenwörter: Fichte, Fuchs, Gewächs, Hang, Kiefer, Laub, Moos, Nuss, Pilz, Reh, Tanne, Wald

Zeitwörter: beobachten, entdecken (Decke), fressen, kennen, wachsen

Eigenschaftswörter: friedlich, hungrig

sonstige Wörter:

nicht im GWS enthaltene Wörter: Hütte, umgeben, Eichhörnchen

Text

Rund um unsere Hütte

Unsere Hütte im Wald ist von Tannen und Fichten umgeben. Am Hang nach unten stehen Kiefern, unter denen Moos und Pilze wachsen. Doch viele Gewächse kenne ich noch nicht.
Man kann auch Tiere beobachten.
Ein hungriges Eichhörnchen sucht im Laub nach Nüssen und friedlich fressen die Rehe. Ab und zu kann man sogar einen Fuchs entdecken.

(60 Wörter, davon 19 GWS-Wörter oder davon abgeleitete Wörter)

Nachdenkstrategien

lang gesprochener i-Laut ➡ *ie:*
Kiefer, viel, friedlich, Tiere
ä/äu ➡ *verwandtes Wort mit a:*
Gewächs (wachsen)
Auslautverhärtung bei b,d,g ➡ *Verlängerung:*
Wald, Hang, Laub
silbentrennendes h ➡ *Verlängerung:*
Rehe, stehen
Rückführung zur Grundform:
kann
kurzer Vokal und Mitlautverdoppelung, tz, ck:
Hütte, Tanne, kenne, kann, Nüsse, fressen, entdecken
Nach l,n,r oder Doppellaut steht nie ck oder tz:
Pilz
Wortbausteine: Vorsilbe ent-(decken)
Nachsilben-EW: hungrig, friedlich

orthografische Merkstellen

langes i, Schreibweise i:

Wörter mit ä ohne Ableitung:

doppelter Vokal:
Moos
Dehnungs-h:

Wörter mit v/V:
von
Wörter mit ß:

ks-Laut bzw. z-Laut ts geschrieben:
wachsen, Gewächse, Fuchs
besondere Wörter:

Lückentext zum Andiktieren der Wörter zum Grundwortschatz

Rund um unsere Hütte

Unsere Hütte im _____ ist von _____ und
_____ umgeben. Am _____ nach unten stehen
_____, unter denen _____ und _____
_____. Doch viele _____ _____ ich noch
nicht.
Man kann auch Tiere _____.
Ein _____ Eichhörnchen sucht im _____ nach
_____ und _____ _____ die
_____. Ab und zu kann man sogar einen _____
_____.

Lückentext zum Üben (Lückenwörter als Purzelwörter)

Rund um unsere Hütte

Unsere Hütte im _____ (adlW) ist von _____ (aennnT)
und _____ (ceFhint) umgeben. Am _____ (agHn) nach
unten stehen _____ (eefiKnr), unter denen _____ (Moos)
und _____ (eilPz) _____ (acehnsw). Doch viele
_____ (äceeGhsw) _____ (eeknn) ich noch nicht.
Man kann auch Tiere _____ (abbceehnot).
Ein _____ (egghinrsu) Eichhörnchen sucht im
_____ (abLu) nach _____ (eNnssü) und
_____ (cdefhiilr) _____ (eefnrss) die _____
(eehR). Ab und zu kann man sogar einen _____ (cFhsu)
_____ (cdeeeknnt).

Thematik	*Leben mit der Natur - Der Wald*

GWS-Wortschatz

Namenwörter: Fichte, Fuchs, Gewächs, Hang, Kiefer, Laub, Moos, Pilz, Reh, Spaziergang, Tanne, Wald

Zeitwörter: bedecken (Decke), beobachten, informieren, spazieren, wachsen

Eigenschaftswörter: dick, glatt, interessant, kühl, mehr, spitz

sonstige Wörter: andere

nicht im GWS enthaltene Wörter: manche

Text

Waldspaziergang

Letzte Woche ging ich mit meinen Eltern im Wald spazieren. Es war ein Mischwald mit Kiefern, Tannen, Fichten und Laubbäumen. Es war recht kühl und der Boden war mit Blättern bedeckt. Manche waren glatt, andere spitz oder dick. Vater informierte mich über mehrere Gewächse und zeigte mir Pilze, die an den Hängen im Moos wuchsen. Ich konnte auch Rehe und Füchse beobachten. Es war alles interessant.

(67 Wörter, davon 24 GWS-Wörter oder davon abgeleitete Wörter)

Nachdenkstrategien

lang gesprochener i-Laut ➜ ie:
spazieren, Kiefer, informieren
ä/äu ➜ verwandtes Wort mit a:
Bäume, Blätter, Gewächs, Hänge
Auslautverhärtung bei b,d,g ➜ Verlängerung:
ging, Wald, Laub, Hang
silbentrennendes h ➜ Verlängerung:
Rehe
Rückführung zur Grundform:
bedeckt, konnte
kurzer Vokal und Mitlautverdoppelung, tz, ck:
Tanne, Blätter, bedeckt, glatt, spitz, dick, konnte, interessant
Nach l,n,r oder Doppellaut steht nie ck oder tz:
Pilz
Wortbausteine:

orthografische Merkstellen

langes i, Schreibweise i:

Wörter mit ä ohne Ableitung:

doppelter Vokal:
Moos
Dehnungs-h:
mehrere
Wörter mit v/V:
Vater
Wörter mit ß:

ks-Laut bzw. z-Laut ts geschrieben:
Gewächs, wuchsen, Fuchs
besondere Wörter:
Spaziergang, spazieren, interessant

Lückentext zum Andiktieren der Wörter zum Grundwortschatz

[_____]

[_____] Woche ging ich mit meinen Eltern im [_____]

[_____]. Es war ein Misch-[_____] mit

[_____], [_____], [_____] und [_____]-

bäumen. Es war recht [_____] und der Boden war mit Blättern

[_____]. Manche waren [_____], [_____]

[_____] oder [_____]. Vater [_____] mich

über [_____] [_____] und zeigte mir [_____], die

an den [_____] im [_____] [_____]. Ich konnte

auch [_____] und [_____] [_____]. Es war

alles [_____].

Lückentext zum Üben (Lückenwörter als Purzelwörter)

[_____] (aaadeggilnprsWz)

[_____] (eeLttz) Woche ging ich mit meinen Eltern im

[_____] (adlW) [_____] (aeeinprsz). Es war ein Misch-

[_____] (adlw) mit [_____] (eefiKnr), [_____]

(aennnT), [_____] (ceFhint) und [_____]-bäumen (abLu). Es

war recht [_____] (hklü) und der Boden war mit Blättern

[_____] (bcdeekt). Manche waren [_____] (agltt),

[_____] (adeenr) [_____] (ipstz) oder [_____] (cdik).

Vater [_____] (eefiimnorrt) mich über [_____] (eeehmrr)

[_____] (äceeGhsw) und zeigte mir [_____] (eilPz), die an

den [_____] (äegHnn) im [_____] (Moos) [_____]

(cehnsuw). Ich konnte auch [_____] (eehR) und [_____]

(ceFhsü) [_____] (abbceehnot). Es war alles

[_____] (aeeinnrsstt).

40

Thematik	*Zusammenleben - Menschen arbeiten*

GWS-Wortschatz

Namenwörter:	Arzt, Bäcker, Beispiel, Beruf, Flugzeug, Geschäft, Gewinn, Heizung, Jugendlicher, Lehrer, Maschine, Taxi, Unterricht
Zeitwörter:	bauen (Bauer), führen, informieren, interessieren, träumen, wissen, (er-)zielen
Eigenschaftswörter:	mehr, nützlich, richtig, wichtig, zukünftig
sonstige Wörter:	anders (anderer), jemand, vielleicht, während

nicht im GWS enthaltene Wörter: erteilen, ein anderer

Text

Der richtige Beruf

Schon für einen Jugendlichen ist es wichtig, sich über seinen zukünftigen Beruf zu informieren. Während zum Beispiel ein Lehrer Kindern Unterricht erteilt, arbeitet ein Bäcker oder Heizungsbauer mehr mit Maschinen. Vielleicht träumt jemand davon ein Flugzeug zu führen oder Taxifahrer zu werden. Ein anderer interessiert sich für den Arztberuf oder jemand will ein Geschäft führen und Gewinne erzielen. Viel zu wissen ist für jeden Beruf nützlich.

(69 Wörter, davon 29 GWS-Wörter oder davon abgeleitete Wörter)

Nachdenkstrategien

lang gesprochener i-Laut ➜ *ie:*
informieren, vielleicht, interessiert, erzielen

ä/äu ➜ *verwandtes Wort mit a:*
Bäcker, träumt, Geschäft (schaffen)

Auslautverhärtung bei b,d,g ➜ *Verlängerung:*
Jugendlicher, während, jemand, Flugzeug

silbentrennendes h ➜ *Verlängerung:*

Rückführung zur Grundform:

kurzer Vokal und Mitlautverdoppelung, tz, ck:
Bäcker, interessiert, will, Gewinne, wissen, nützlich

Nach l,n,r oder Doppellaut steht nie ck oder tz:
Arzt, Heizung

Wortbausteine: Nachsilben -ig und -ung (Auslautverh.): richtig, wichtig, zukünftig, Heizung

orthografische Merkstellen

langes i, Schreibweise i:
Maschine

Wörter mit ä ohne Ableitung:
während

doppelter Vokal:

Dehnungs-h:
während, Lehrer, mehr, führen, Taxifahrer

Wörter mit v/V:
vielleicht, davon, viel

Wörter mit ß:

ks-Laut bzw. z-Laut ts geschrieben:
Taxi

besondere Wörter:
interessiert, informieren,

Zusammensetzungen: Unterricht, vielleicht

Lückentext zum Andiktieren der Wörter zum Grundwortschatz

Der ☐ ☐

Schon für einen ☐ ist es ☐, sich

über seinen ☐ ☐ zu ☐.

☐ zum ☐ ein ☐ Kindern

☐ erteilt, arbeitet ein ☐ oder

☐ ☐ mit ☐.

☐ ☐ ☐ davon ein

☐ zu ☐ oder ☐-fahrer zu

werden. Ein ☐ ☐ sich für den

☐ oder ☐ will ein ☐

☐ und ☐ ☐. Viel zu

☐ ist für jeden ☐ ☐.

Lückentext zum Üben (Lückenwörter als Purzelwörter)

Der ☐ (ceghiirt) ☐ (Befru)

Schon für einen ☐ (cdeeghiJlnnu) ist es

☐ (cghiitw), sich über seinen ☐ (efgiknntuüz)

☐ (Befru) zu ☐ (eefiimnnorr).

☐ (ädehnrW) zum ☐ (Beeiilps) ein

☐ (eehLrr) Kindern ☐ (cehinrrttU) erteilt,

arbeitet ein ☐ (äBcekr) oder ☐

(abeegHinrsuuz) ☐ (ehmr) mit ☐ (acehiMnns).

☐ (ceeiihlltV) ☐ (ämrttu)

(adejmn) davon ein ☐ (eFggluuz) zu ☐

(efhrnü) oder ☐-fahrer (aiTx) zu werden. Ein ☐

(adeenrr) ☐ (eeeiinrrsstt) sich für den

☐ (Abefrrtuz) oder ☐ (adejmn) will ein

☐ (äcefGhst) ☐ (efhnrü) und

☐ (eeGinnw) ☐ (eeeilnrz). Viel zu

☐ (einssw) ist für jeden ☐ (Befru)

☐ (chilntüz).

42

Thematik	*Zusammenleben - Menschen arbeiten*

GWS-Wortschatz

<u>Namenwörter:</u>   Arzt, Bäcker, Beruf, Information, Interesse, Lehrer, Lohn, Maschine, Straße, Verein, Wahl, Zeugnis, Zukunft

<u>Zeitwörter:</u>   empfinden, sammeln, (ver-)schaffen, schwitzen, (er-)zielen

<u>Eigenschaftswörter:</u> klar (NW: Klarheit), richtig, schwierig, wichtig

<u>sonstige Wörter:</u>   bereits, bisschen, jemand, ohne, während

<u>nicht im GWS enthaltene Wörter:</u> deshalb, ganz, man, tätig, viel

---

Text

Berufswahl

Die <u>Wahl</u> des <u>richtigen</u> <u>Berufes</u> ist ganz schön <u>schwierig</u>. Deshalb sollte man viele <u>Informationen</u> <u>sammeln</u> und sich <u>Klarheit</u> <u>ver-schaffen</u>. Ein <u>Bäcker</u> muss <u>bereits</u> früh aufstehen und ein <u>Stra-ßenarbeiter</u> <u>schwitzt</u> an <u>Maschinen</u>. Will <u>jemand</u> in Zukunft als <u>Arzt</u> oder <u>Lehrer</u> arbeiten, sollte er gute Noten im Zeugnis <u>erzie-len</u>. Es ist <u>wichtig</u> ein <u>bisschen</u> Freude und <u>Interesse</u> an seinem <u>Beruf</u> zu <u>empfinden</u>. <u>Während</u> ein Arbeiter <u>Lohn</u> erhält, sind viele Leute im <u>Verein</u> tätig <u>ohne</u> Geld zu bekommen.

(76 Wörter, davon 27 GWS-Wörter oder davon abgeleitete Wörter)

Nachdenkstrategien

lang gesprochener i-Laut ➜ *ie:*
schwierig, viel, erzielen,
ä/äu ➜ *verwandtes Wort mit u.:*
Bäcker, erhält, tätig, während, sind, Geld
Auslautverhärtung bei b,d,g ➜ *Verlängerung:*
deshalb, jemand, während, sind, Geld
silbentrennendes h ➜ *Verlängerung:*
aufstehen
Rückführung zur Grundform:
schwitzt, erhält
kurzer Vokal und Mitlautverdoppelung, tz, ck:
sollte, sammeln, verschaffen, Bäcker, muss,
schwitzt, will, sollte, bisschen, Interesse, bekommen
Nach l,n,r oder Doppellaut steht nie ck oder tz:
Arzt
Wortbausteine: Nachsilbe -ig (Auslautverh.):
richtig, schwierig, wichtig / emp-finden

orthografische Merkstellen

langes i, Schreibweise i:
Maschine
Wörter mit ä ohne Ableitung:
während
doppelter Vokal:

Dehnungs-h:
Wahl, früh, während, Lohn
Wörter mit v/V:
viel, verschaffen, Verein
Wörter mit ß:
Straße
ks-Laut bzw. z-Laut ts geschrieben:
bereits
besondere Wörter:
Information, Interesse

Lückentext zum Andiktieren der Wörter zum Grundwortschatz

_____

Die _____ des _____ _____ ist ganz schön _____. Deshalb sollte man viele _____ und sich _____ _____. Ein _____ muss _____ früh aufstehen und ein _____-arbeiter _____ an _____. Will _____ in _____ als _____ oder _____ arbeiten, sollte er gute Noten im _____. Es ist _____ ein _____ Freude und _____ an seinem _____ zu _____. _____ ein Arbeiter _____ erhält, sind viele Leute im _____ tätig _____ Geld zu bekommen.

Lückentext zum Üben (Lückenwörter als Purzelwörter)

_____ (aBefhlrsuw)

Die _____ (ahlW) des _____ (ceghiinrt) _____ (Beefrsu) ist ganz schön _____ (ceghiirsw). Deshalb sollte man viele _____ (aeflimnnnoort) _____ (aelmmns) und sich _____ (aehiKlrt) _____ (aceeffhnrsv). Ein _____ (äBcekr) muss _____ (beeirst) früh aufstehen und ein _____-arbeiter (aenrSßt) _____ (chisttwz) an _____ (acehiMnns). Will _____ (adejmn) in _____ (fkntuuZ) als _____ (Artz) oder _____ (eehLrr) arbeiten, sollte er gute Noten im _____ (eginsuZ) _____ (eeeilnrz). Es ist _____ (cghiitw) ein _____ (bcehinss) Freude und _____ (eeeInrsst) an seinem _____ (Befru) zu _____ (deeifmnnp). _____ (ädehnrW) ein Arbeiter _____ (hLno) erhält, sind viele Leute im _____ (eeinrV) tätig _____ (ehno) Geld zu bekommen.

Thematik	Zusammenleben - Menschen arbeiten

GWS-Wortschatz

Namenwörter: Ärztin, Bäcker, Beispiel, Beruf, Fernseher, Flugzeug, Heizung, Interesse, Jugendlicher, Lehrer, Lied, Lohn, Taxi, Theater

Zeitwörter: bauen (Bauer), empfinden, erklären, führen (Führer), informieren, lassen (lässt), träumen, wissen

Eigenschaftswörter: besser, mehr

sonstige Wörter: eigentlich, jemand, vielleicht

nicht im GWS enthaltene Wörter: desto, manche, Nachteil, verschieden, Vorteil, wofür

Text

Leute arbeiten

Um Lohn zu erhalten arbeiten Leute in verschiedenen Berufen, zum Beispiel als Ärztin oder Lehrer, als Bäcker oder Heizungs- bauer, als Taxifahrerin oder Flugzeugführer. Manche Jugendliche träumen vielleicht von einer Theaterrolle oder sie wollen Lieder im Fernsehen vortragen. Je besser sich jemand informiert und sich Vorteile und Nachteile erklären lässt, desto mehr wird er wissen, wofür er eigentlich Interesse empfindet.

(61 Wörter, davon 27 GWS-Wörter oder davon abgeleitete Wörter)

Nachdenkstrategien	orthografische Merkstellen
lang gesprochener i-Laut ➡ *ie:* verschieden, Beispiel, vielleicht, Lied, informiert,	*langes i, Schreibweise i:*
ä/äu ➡ *verwandtes Wort mit a:* Ärztin, Bäcker, träumen, erklären, lässt	*Wörter mit ä ohne Ableitung:*
Auslautverhärtung bei b,d,g ➡ *Verlängerung:* Jugendliche, Lied, jemand, wird,	*doppelter Vokal:*
silbentrennendes h ➡ *Verlängerung:* Fernsehen	*Dehnungs-h:* Lohn, Lehrer, Fahrer, Führer, mehr
Rückführung zur Grundform: informiert, lässt	*Wörter mit v/V:* verschieden, vielleicht, vortragen, Vorteile
kurzer Vokal und Mitlautverdoppelung, tz, ck: Bäcker, Rolle, wollen, besser, lässt, wissen, Interesse	*Wörter mit ß:*
Nach l,n,r oder Doppellaut steht nie ck oder tz: Ärztin, Heizung	*ks-Laut bzw. z-Laut ts geschrieben:* Taxi
Wortbausteine:	*besondere Wörter:* Theater, informiert, Interesse

Lückentext zum Andiktieren der Wörter zum Grundwortschatz

Leute arbeiten

Um [_____] zu erhalten arbeiten Leute in verschiedenen

[_____], zum [_____] als [_____] oder

[_____], als [_____] oder [_____],

als [_____]-fahrerin oder [_____]. Manche

[_____] [_____] [_____] von einer

[_____]-rolle oder sie wollen [_____] im

[_____] vortragen. Je [_____] sich [_____]

[_____] und sich Vorteile und Nachteile [_____]

[_____], desto [_____] wird er [_____], wofür er

[_____] [_____] [_____].

Lückentext zum Üben (Lückenwörter als Purzelwörter)

Leute arbeiten

Um [_____] (hLno) zu erhalten arbeiten Leute in verschiedenen

[_____] (Beefnru), zum [_____] (Beeiilps) als

[_____] (Äinrtz) oder [_____] (eehLrr), als [_____]

(äBcekr) oder [_____] (abeegHinrsuuz), als

[_____]-fahrerin (aiTx) oder [_____]

(eeFfgghlrruuüz). Manche [_____] (cdeeghiJlnu)

[_____] (äemnrtu) [_____] (ceehiilltv) von einer

[_____]-rolle (aeehrTt) oder sie wollen [_____] (deeiLr)

im [_____] (eeeFhnnrs) vortragen. Je [_____] (beerss)

sich [_____] (adejmn) [_____] (efiimnorrt) und sich

Vorteile und Nachteile [_____] (äeeklnrr) [_____] (älsst),

desto [_____] (ehmr) wird er [_____] (einssw), wofür er

[_____] (ceeghiilnt) [_____] (eeeInrsst)

[_____] (deefimnpt).

46

Thematik	*Mein Körper - meine Augen*

GWS-Wortschatz

Namenwörter: Flüssigkeit, Gefahr, Höhle, Natur, Schmutz, Träne

Zeitwörter: fließen, lassen, passen, schließen, schützen, schwitzen, treffen

Eigenschaftswörter: feucht, richtig, stark (NW:Stärke), tief, trocken, vollständig

sonstige Wörter: plötzlich

nicht im GWS enthaltene Wörter: Lid, Schweiß, Wimpern, Sehloch, vorbei

Text

Von Natur aus geschützt

Das Auge liegt richtig gut geschützt tief in einer Höhle. Bei plötzlicher Gefahr schließt sich das Lid. Wenn man schwitzt, fließt der Schweiß an den Brauen vorbei. Die Wimpern lassen kleine Schmutzteilchen, die auf das Auge treffen, nicht durch. Die Tränenflüssigkeit hält das Auge feucht, damit die Haut nicht trocken wird. Die Größe des Sehloches passt sich der Lichtstärke vollständig an.

(65 Wörter, davon 20 GWS-Wörter oder davon abgeleitete Wörter)

Nachdenkstrategien

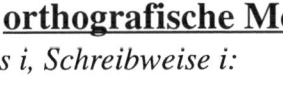

lang gesprochener i-Laut ➜ *ie:*
liegt, tief, schließt, fließt
ä/äu ➜ *verwandtes Wort mit a:*
Träne („Trantüte"), Stärke, vollständig
Auslautverhärtung bei b,d,g ➜ *Verlängerung:*
liegt, richtig, Lid, Flüssigkeit, vollständig
silbentrennendes h ➜ *Verlängerung:*

Rückführung zur Grundform:
liegt, schwitzt, hält, passt
kurzer Vokal und Mitlautverdoppelung, tz, ck:
geschützt, plötzlich, wenn, schwitzt, lassen,
Schmutz, treffen, Flüssigkeit, trocken, passt, voll
Nach l,n,r oder Doppellaut steht nie ck oder tz:
Stärke
Wortbausteine: Nachsilbe -ig (EW):
richtig, vollständig

orthografische Merkstellen

langes i, Schreibweise i:
Lid
Wörter mit ä ohne Ableitung:

doppelter Vokal:

Dehnungs-h:
Höhle, Gefahr
Wörter mit v/V:
vollständig, vorbei
Wörter mit ß:
schließt, fließt, Schweiß, Größe
ks-Laut bzw. z-Laut ts geschrieben:

besondere Wörter:

Lückentext zum Andiktieren der Wörter zum Grundwortschatz

Von [＿＿＿＿＿] **aus** [＿＿＿＿＿＿＿]

Das Auge liegt [＿＿＿＿＿] gut [＿＿＿＿＿] [＿＿＿＿＿＿＿] in einer [＿＿＿＿＿]. Bei [＿＿＿＿＿＿＿] [＿＿＿＿＿] [＿＿＿＿＿] sich das Lid. Wenn man [＿＿＿＿＿＿＿], [＿＿＿＿＿＿＿] der Schweiß an den Brauen vorbei. Die Wimpern [＿＿＿＿＿＿＿] kleine [＿＿＿＿＿]-teilchen, die auf das Auge [＿＿＿＿＿＿＿], nicht durch. Die [＿＿＿＿＿＿＿＿＿＿] hält das Auge [＿＿＿＿＿＿], da-mit die Haut nicht [＿＿＿＿＿] wird. Die Größe des Sehloches [＿＿＿＿＿] sich der Licht-[＿＿＿＿＿] [＿＿＿＿＿＿＿] an.

Lückentext zum Üben (Lückenwörter als Purzelwörter)

Von [＿＿＿＿＿] (aNrtu) **aus** [＿＿＿＿＿＿] (ceghsttüz)

Das Auge liegt [＿＿＿＿＿] (cghiirt) gut [＿＿＿＿＿＿] (ceghsttüz) [＿＿＿＿＿] (efit) in einer [＿＿＿＿＿] (eHhlö). Bei [＿＿＿＿＿＿] (echillpörtz) [＿＿＿＿＿] (aefGhr) [＿＿＿＿＿] (cehilsßt) sich das Lid. Wenn man [＿＿＿＿＿] (chisttwz), [＿＿＿＿＿＿] (efilßt) der Schweiß an den Brauen vorbei. Die Wimpern [＿＿＿＿＿] (aelnss) kleine [＿＿＿＿＿＿]-teilchen (chmStuz), die auf das Auge [＿＿＿＿＿] (eeffnrt), nicht durch. Die [＿＿＿＿＿＿＿＿＿] (äeefgiiklnnrssTtü) hält das Auge [＿＿＿＿＿] (cefhtu), damit die Haut nicht [＿＿＿＿＿＿] (ceknort) wird. Die Größe des Sehloches [＿＿＿＿＿＿] (apsst) sich der Licht-[＿＿＿＿＿] (äekrst) [＿＿＿＿＿＿] (ädgillnostv) an.

48

Thematik	*Mein Körper - meine Augen*

GWS-Wortschatz

Namenwörter: Beispiel, Brille, Entfernung, Fernseher, Flüssigkeit, Gefahr, Schutz, Verschmutzung, Zeitung

Zeitwörter: boxen, führen, lassen, (be-)leuchten, nützen, passen, schützen, setzen, spaßen, verletzen

Eigenschaftswörter: besser, blind (NW: Erblindung), empfindlich, gefährlich, nah, scharf, spitz, stark, vorsichtig

sonstige Wörter: niemanden

nicht im GWS enthaltene Wörter: einiger, sondern

Text

Wir schützen unsere Augen vor Gefahr

Wir setzen uns nicht zu nah sondern besser in einiger Entfernung vor den Fernseher. Wenn wir zum Beispiel Zeitung lesen, beleuchten wir sie gut. Wir lassen niemanden auf das Auge boxen. Eine Brille nützt zum Schutz vor Verschmutzung und starkem Licht. Mit spitzen Dingen sind wir vorsichtig, passen auf und spaßen nicht damit. Scharfe Flüssigkeiten sind gefährlich und können das empfindliche Auge verletzen oder zur Erblindung führen.

(73 Wörter, davon 29 GWS-Wörter oder davon abgeleitete Wörter)

Nachdenkstrategien

lang gesprochener i-Laut ➜ ie:
Beispiel, sie, niemanden

ä/äu ➜ verwandtes Wort mit a:
gefährlich

Auslautverhärtung bei b,d,g ➜ Verlängerung:
niemand, Ding, Flüssigkeit, empfindlich (s.u.)

silbentrennendes h ➜ Verlängerung:
Fernseher, nah

Rückführung zur Grundform:
nützt

kurzer Vokal und Mitlautverdoppelung, tz, ck:
schützen, setzen, besser, wenn, lassen, Brille, nützt, Schutz, Verschmutzung, spitz, passen, Flüssigk., können, verletzen

Nach l,n,r oder Doppellaut steht nie ck oder tz:
stark

Wortbausteine: Nachsilbe -ung (NW, Auslautverh.):
Entfernung, Zeitung, Erblindung

orthografische Merkstellen

langes i, Schreibweise i:

Wörter mit ä ohne Ableitung:

doppelter Vokal:

Dehnungs-h:
führen, Gefahr, gefährlich

Wörter mit v/V:
verletzen, Verschmutzung, vor, vorsichtig

Wörter mit ß:
spaßen

ks-Laut bzw. z-Laut ts geschrieben:
boxen

besondere Wörter:

Lückentext zum Andiktieren der Wörter zum Grundwortschatz

Wir [＿＿＿＿＿] **unsere Augen vor** [＿＿＿＿＿]

Wir [＿＿＿＿＿] uns nicht zu [＿＿＿＿＿] sondern [＿＿＿＿＿] in einiger [＿＿＿＿＿] vor den [＿＿＿＿＿]. Wenn wir zum [＿＿＿＿＿] [＿＿＿＿＿] lesen, [＿＿＿＿＿] wir sie gut. Wir [＿＿＿＿＿] [＿＿＿＿＿] auf das Auge [＿＿＿＿＿]. Eine [＿＿＿＿＿] [＿＿＿＿＿] zum [＿＿＿＿＿] vor [＿＿＿＿＿] und [＿＿＿＿＿] Licht. Mit [＿＿＿＿＿] Dingen sind wir [＿＿＿＿＿], [＿＿＿＿＿] auf und [＿＿＿＿＿] nicht damit. [＿＿＿＿＿] [＿＿＿＿＿] sind [＿＿＿＿＿] und können das [＿＿＿＿＿] Auge [＿＿＿＿＿] oder zur [＿＿＿＿＿] [＿＿＿＿＿].

Lückentext zum Üben (Lückenwörter als Purzelwörter)

Wir [＿＿＿＿＿] (cehnstüz) **unsere Augen vor** [＿＿＿＿＿] (aefGhr)

Wir [＿＿＿＿＿] (eenstz) uns nicht zu [＿＿＿＿＿] (ahn) sondern [＿＿＿＿＿] (beerss) in einiger [＿＿＿＿＿] (Eefgnnnrtu) vor den [＿＿＿＿＿] (eeeFhnrrs). Wenn wir zum [＿＿＿＿＿] (Beeiilps) [＿＿＿＿＿] (egintuZ) lesen, [＿＿＿＿＿] (bceeehlntu) wir sie gut. Wir [＿＿＿＿＿] (aelnss) [＿＿＿＿＿] (adeeimnnn) auf das Auge [＿＿＿＿＿] (benox). Eine [＿＿＿＿＿] (Beillr) [＿＿＿＿＿] (nttüz) zum [＿＿＿＿＿] (chStuz) vor [＿＿＿＿＿] (ceghmnrstuuVz) und [＿＿＿＿＿] (aekmrst) Licht. Mit [＿＿＿＿＿] (einpstz) Dingen sind wir [＿＿＿＿＿] (cghiiorstv), [＿＿＿＿＿] (aenpss) auf und [＿＿＿＿＿] (aenpsß) nicht damit. [＿＿＿＿＿] (acefhrS) [＿＿＿＿＿] (eeFgiiklnsstü) sind [＿＿＿＿＿] (äcefghhilr) und können das [＿＿＿＿＿] (ceedfhiilmnp) Auge [＿＿＿＿＿] (eeelnrtvz) oder zur [＿＿＿＿＿] (bdEgilnnru) [＿＿＿＿＿] (efhnrü).

Thematik	Mein Körper - meine Augen

GWS-Wortschatz

Namenwörter: Arzt, Ärztin, Brille, Druck, Mitte

Zeitwörter: blicken, blitzen, drücken, entfernen, (er-)kennen, lassen, leuchten, messen, passen, wechseln

Eigenschaftswörter: deutlich, scharf, schwierig, stark (NW: Stärke), vorsichtig

sonstige Wörter: außen, links, mehr(mals), nah, rechts, schließlich, zuletzt

nicht im GWS enthaltene Wörter: angestrengt, einmal, Punkt, Schirm, sofort, Glas

Text

Beim Augenarzt

Für Gabi ist es schwierig alles deutlich und scharf zu erkennen. Deshalb untersucht die Ärztin ihr Sehfeld. Auf einem Bildschirm blitzen Punkte auf, einmal in der Mitte, einmal außen, rechts oder links, nah oder entfernt. Gabi blickt angestrengt darauf und passt gut auf. Sie drückt sofort, wenn es leuchtet. Schließlich misst die Ärztin vorsichtig den Augendruck. Zuletzt lässt sie Gabi Zahlen vorlesen, wobei sie bei einer Brille mehrmals die Stärke der Gläser wechselt.

(75 Wörter, davon 27 GWS-Wörter oder davon abgeleitete Wörter)

Nachdenkstrategien

lang gesprochener i-Laut ➔ *ie:*
schwierig, schließlich, sie

ä/äu ➔ *verwandtes Wort mit a:*
Ärztin, lässt, Stärke, Gläser

Auslautverhärtung bei b,d,g ➔ *Verlängerung:*
schwierig, deshalb, Feld, vorsichtig

silbentrennendes h ➔ *Verlängerung:*
nah, Seh-(feld)

Rückführung zur Grundform:
blickt, passt, drückt, misst, lässt,

kurzer Vokal und Mitlautverdoppelung, tz, ck:
erkennen, blitzen, Mitte, blickt, passt, drückt, misst, Druck, zuletzt, lässt, Brille

Nach l,n,r oder Doppellaut steht nie ck oder tz:
Arzt, Ärztin, links, Stärke

Wortbausteine:

orthografische Merkstellen

langes i, Schreibweise i:

Wörter mit ä ohne Ableitung:

doppelter Vokal:

Dehnungs-h:
mehrmals, Zahlen

Wörter mit v/V:
vorsichtig, vorlesen

Wörter mit ß:
außen, schließlich

ks-Laut bzw. z-Laut ts geschrieben:
links, wechselt // rechts

besondere Wörter:

Lückentext zum Andiktieren der Wörter zum Grundwortschatz

Beim Augen-[_____]

Für Gabi ist es [_____] alles [_____] und [_____] zu [_____]. Deshalb untersucht die [_____] ihr Sehfeld. Auf einem Bildschirm [_____] Punkte auf, einmal in der [_____], einmal [_____], [_____] oder [_____], [_____] oder [_____]. Gabi [_____] angestrengt darauf und [_____] gut auf. Sie [_____] sofort, wenn es [_____]. [_____] die [_____] [_____] den Augen-[_____]. [_____] [_____] sie Gabi Zahlen vorlesen, wobei sie bei einer [_____] [_____] die [_____] der Gläser [_____].

Lückentext zum Üben (Lückenwörter als Purzelwörter)

Beim Augen-[_____] (artz)

Für Gabi ist es [_____] (ceghiirsw) alles [_____] (cdehiltu) und [_____] (acfhrs) zu [_____] (eeeknnnr). Deshalb untersucht die [_____] (Äinrtz) ihr Sehfeld. Auf einem Bildschirm [_____] (beilntz) Punkte auf, einmal in der [_____] (eiMtt), einmal [_____] (aenßu), [_____] (cehrst) oder [_____] (iklns), [_____] (ahn) oder [_____] (eefnnrtt). Gabi [_____] (bciklt) angestrengt darauf und [_____] (apsst) gut auf. Sie [_____] (cdkrtü) sofort, wenn es [_____] (ceehlttu). [_____] (cchheiillSß) [_____] (imsst) die [_____] (Äinrtz) [_____] (cghiiorstv) den Augen-[_____] (cdkru). [_____] (elttuZz) [_____] (älsst) sie Gabi Zahlen vorlesen, wobei sie bei einer [_____] (Beillr) [_____] (aehlmmrs) die [_____] (äekrSt) der Gläser [_____] (ceehlstw).

Thematik	*Mein Körper - meine Ohren*

GWS-Wortschatz

Namenwörter: Höhe, Lärm, Maschine, Ruhe, Schall, Wecker

Zeitwörter: donnern, empfinden, entfernen, (er-)kennen, lassen, schaffen, schließen, schweigen, (be-)stimmen (NW: Stimmung)

Eigenschaftswörter: friedlich, lang (NW: Länge), offen (ZW: öffnen), stark

sonstige Wörter: links, nah, rechts, während

nicht im GWS enthaltene Wörter: Geräusch, stören, Töne, Welle

Text

Wir hören

Unsere Ohren sind immer geöffnet und können nicht geschlossen werden. Wir können erkennen, ob Töne von rechts oder links kommen, ob sie nah oder entfernt sind. Auch die Höhe und Ton-länge lässt sich bestimmen. Je lauter ein Geräusch ist, desto stärker sind die Schallwellen. Während wir donnernden Lärm von Maschinen als störend empfinden, hören wir einen Wecker kaum. Schweigen und Ruhe schaffen eine friedliche Stimmung.

(67 Wörter, davon 23 GWS-Wörter oder davon abgeleitete Wörter)

Nachdenkstrategien

lang gesprochener i-Laut ➜ *ie:*
friedlich
ä/äu ➜ *verwandtes Wort mit a:*
Länge, lässt, Geräusch, stärker
Auslautverhärtung bei b,d,g ➜ *Verlängerung:*
während, donnernd, störend, friedlich
silbentrennendes h ➜ *Verlängerung:*
nah, Höhe, Ruhe
Rückführung zur Grundform:
geöffnet, lässt
kurzer Vokal und Mitlautverdoppelung, tz, ck:
geöffnet, können, geschlossen, erkennen, kommen, lässt, be-stimmen, Schallwellen, donnernd, Wecker, schaffen, Stimmung
Nach l,n,r oder Doppellaut steht nie ck oder tz:
links, stärker,
Wortbausteine:

orthografische Merkstellen

langes i, Schreibweise i:
Maschine
Wörter mit ä ohne Ableitung:
Lärm (evtl. „Alarm")
doppelter Vokal:

Dehnungs-h:
Ohren, während
Wörter mit v/V:
von
Wörter mit ß:
schließen
ks-Laut bzw. z-Laut ts geschrieben:
links // rechts
besondere Wörter:

Lückentext zum Andiktieren der Wörter zum Grundwortschatz

Wir hören

Unsere Ohren sind immer [＿＿＿＿＿＿＿] und können nicht [＿＿＿＿＿＿＿] werden. Wir können [＿＿＿＿＿＿＿], ob Töne von [＿＿＿＿＿＿＿] oder [＿＿＿＿＿＿＿] kommen, ob sie [＿＿＿＿＿＿＿] oder [＿＿＿＿＿＿＿] sind. Auch die [＿＿＿＿＿＿＿] und Ton-[＿＿＿＿＿＿＿] [＿＿＿＿＿＿＿] sich [＿＿＿＿＿＿＿]. Je lauter ein Geräusch ist, desto [＿＿＿＿＿＿＿] sind die [＿＿＿＿＿＿＿]-wellen. [＿＿＿＿＿＿＿] wir [＿＿＿＿＿＿＿] [＿＿＿＿＿＿＿] von [＿＿＿＿＿＿＿] als störend [＿＿＿＿＿＿＿], hören wir einen [＿＿＿＿＿＿＿] kaum. [＿＿＿＿＿＿＿] und [＿＿＿＿＿＿＿] [＿＿＿＿＿＿＿] eine [＿＿＿＿＿＿＿] [＿＿＿＿＿＿＿].

Lückentext zum Üben (Lückenwörter als Purzelwörter)

Wir hören

Unsere Ohren sind immer [＿＿＿＿＿＿＿] (eeffgönt) und können nicht [＿＿＿＿＿＿＿] (ceeghlnosss) werden. Wir können [＿＿＿＿＿＿＿] (eeeknnnr), ob Töne von [＿＿＿＿＿＿＿] (cehrst) oder [＿＿＿＿＿＿＿] (iklns) kommen, ob sie [＿＿＿＿＿＿＿] (ahn) oder [＿＿＿＿＿＿＿] (eefnnrtt) sind. Auch die [＿＿＿＿＿＿＿] (eHhö) und Ton-[＿＿＿＿＿＿＿] (äegln) [＿＿＿＿＿＿＿] (älsst) sich [＿＿＿＿＿＿＿] (beeimmnst). Je lauter ein Geräusch ist, desto [＿＿＿＿＿＿＿] (äekrrst) sind die [＿＿＿＿＿＿＿]-wellen (achllS). [＿＿＿＿＿＿＿] (ädehnrW) wir [＿＿＿＿＿＿＿] (ddeennnnor) [＿＿＿＿＿＿＿] (äLmr) von [＿＿＿＿＿＿＿] (acehiMnns) als störend [＿＿＿＿＿＿＿] (deefimnnp), hören wir einen [＿＿＿＿＿＿＿] (ceekrW) kaum. [＿＿＿＿＿＿＿] (ceeghinSw) und [＿＿＿＿＿＿＿] (ehRu) [＿＿＿＿＿＿＿] (aceffhns) eine [＿＿＿＿＿＿＿] (cdeefhiilr) [＿＿＿＿＿＿＿] (gimmnStu).

Thematik	*Mein Körper - meine Ohren*

GWS-Wortschatz

Namenwörter: Beispiel, Fehler, Fernseher, Flugzeug, Gebäude, Gefühl, Lärm, Maschine, Maß, Quelle, Radio, Ruhe, Schall, Schutz, Straße

Zeitwörter: (auf-)drehen, empfinden, reißen (NW: Abriss),verlieren

Eigenschaftswörter: dumm, gefährlich (ZW: gefährden), jugendlich (NW: Jugendlicher), richtig, stark (NW: Stärke)

sonstige Wörter: außen, bisschen, während

nicht im GWS enthaltene Wörter: erholsam, mindern

Text

Lärm

Während Ruhe viele Leute als erholsam empfinden, ist Lärm für unsere Ohren sehr gefährlich. Starke Lärmquellen sind zum Beispiel Düsenflugzeuge, Maschinen zum Abriss von Gebäuden oder Straßenlärm. Schallschutzfenster können den Lärm von außen ein bisschen mindern. Wenn Jugendliche die Lautstärke bei Radio oder Fernseher stark aufdrehen, machen sie einen dummen Fehler. Sie gefährden ihre Ohren und verlieren das Gefühl für das richtige Lautstärkenmaß.

(64 Wörter, davon 27 GWS-Wörter oder davon abgeleitete Wörter)

Nachdenkstrategien

lang gesprochener i-Laut ➡ *ie:*
viele, Beispiel, verlieren
ä/äu ➡ *verwandtes Wort mit a:*
gefährlich, Gebäude, Stärke, gefährden
Auslautverhärtung bei b,d,g ➡ *Verlängerung:*
während, sind, Flugzeug, Jugendliche, richtig
silbentrennendes h ➡ *Verlängerung:*
Ruhe, Fernseher, aufdrehen
Rückführung zur Grundform:

kurzer Vokal und Mitlautverdoppelung, tz, ck:
Quelle, Abriss, Schall, Schutz, können, bisschen, wenn, dumm
Nach l,n,r oder Doppellaut steht nie ck oder tz:
stark, Stärke
Wortbausteine:

orthografische Merkstellen

langes i, Schreibweise i bzw. ih:
Maschine, ihre
Wörter mit ä ohne Ableitung:
während, Lärm (evtl. „Alarm")
doppelter Vokal:

Dehnungs-h:
während, gefährlich, Fehler gefährden, Gefühl
Wörter mit v/V:
viele, verlieren
Wörter mit ß:
Straße, außen
ks-Laut bzw. z-Laut ts geschrieben:

besondere Wörter:

Lückentext zum Andiktieren der Wörter zum Grundwortschatz

Lärm

[_____] [_____] viele Leute als erholsam

[_____], ist [_____] für unsere Ohren sehr

[_____]. [_____] [_____] sind

zum [_____] Düsen-[_____], [_____]

zum [_____] von [_____] oder [_____].

[_____]-fenster können den [_____] von

[_____] ein [_____] mindern. Wenn [_____]

die Laut-[_____] bei [_____] oder [_____]

[_____] [_____], machen sie einen [_____]

[_____]. Sie [_____] ihre Ohren und

[_____] das [_____] für das [_____] Laut-

[_____].

Lückentext zum Üben (Lückenwörter als Purzelwörter)

Lärm

[_____] (ädehnrW) [_____] (ehRu) viele Leute als erhol-

sam [_____] (deefimnnp), ist [_____] (äLmr) für unsere

Ohren sehr [_____] (äcefghhilr). [_____] (aekrSt)

[_____] (äeeLllmnqru) sind zum [_____] (Beeiilps)

Düsen-[_____] (eefggluuz) , [_____] (acehiMnns)

zum [_____] (Abirss) von [_____] (äbdeeGnu) oder

[_____] (aäelmnrrSßt). [_____]-fenster

(acchhllSstuz) können den [_____] (äLmr) von [_____]

(aenßu) ein [_____] (bcehinss) mindern. Wenn [_____]

(cdeeghiJlnu) die Laut-[_____] (äekrst) bei [_____] (adioR)

oder [_____] (eeeFhnrrs) [_____] (akrst)

[_____] (adeefhnru), machen sie einen [_____]

(demmnu) [_____] (eeFhlr). Sie [_____] (ädeefghnr) ihre

Ohren und [_____] (eeeilnrrv) das [_____] (efGhlü) für

das [_____] (ceghiirt) Laut-[_____] (aäekmnrsßt).

Thematik	*Mein Körper - meine Ohren*

GWS-Wortschatz

Namenwörter: Arzt, Druck, Fehler, Flüssigkeit, Glück, Höhe, Lehrerin, Schwierigkeit, Unterricht

Zeitwörter: beginnen, beobachten, entfernen, (er-)kennen, messen, (auf-)passen, (an-)sammeln, steuern,

Eigenschaftswörter: bestimmt, (un-)deutlich, fehlerfrei, frei, lang (NW: Länge), mehr, richtig, scharf, tief

sonstige Wörter: bloß, links, rechts, schließlich

nicht im GWS enthaltene Wörter: etwas, obwohl, Töne, wieder

Text

Beim Ohrenarzt

Obwohl Hans im Unterricht aufpasst, beobachtet seine Lehrerin, dass er bloß undeutlich hört. Der Ohrenarzt beginnt damit zu messen, welche Töne Hans richtig erkennen kann. Höhe und Länge der Töne kann der Arzt steuern. Bei bestimmten tiefen Tönen hat Hans Schwierigkeiten, links etwas mehr als rechts. Schließlich entfernt der Arzt die angesammelte Flüssigkeit. Hans hat Glück, das Ohr ist frei vom Druck der Flüssigkeit und er kann wieder fehlerfrei und scharf hören.

(74 Wörter, davon 30 GWS-Wörter oder davon abgeleitete Wörter)

Nachdenkstrategien

lang gesprochener i-Laut ➜ ie:
tief, Schwierigkeit, schließlich, wieder

ä/äu ➜ verwandtes Wort mit a:
Länge

Auslautverhärtung bei b,d,g ➜ Verlängerung:
richtig, lang, Schwierigkeit, Flüssigkeit

silbentrennendes h ➜ Verlängerung:
Höhe

Rückführung zur Grundform:
aufpasst, hört, beginnt, entfernt

kurzer Vokal und Mitlautverdopplung, tz, ck:
aufpasst, dass, beginnt, messen, erkennen, kann, bestimmt, angesammelte, Flüssigkeit, Glück, Druck

Nach l,n,r oder Doppellaut steht nie ck oder tz:
Arzt

Wortbausteine: Nachsilbe: -keit (NW):
Schwierigkeit, Flüssigkeit

orthografische Merkstellen

langes i, Schreibweise i:

Wörter mit ä ohne Ableitung:

doppelter Vokal:

Dehnungs-h:
obwohl, Lehrerin, Ohr, mehr, fehlerfrei

Wörter mit v/V:

Wörter mit ß:
bloß, schließlich

ks-Laut bzw. z-Laut ts geschrieben:
links // rechts

besondere Wörter:

abstrakte Namenwörter: Unterricht, Höhe, Länge, Schwierigkeit, Glück, Druck

Lückentext zum Andiktieren der Wörter zum Grundwortschatz

Beim Ohren-☐

Obwohl Hans im ☐ ☐, ☐

seine ☐, dass er ☐ ☐ hört.

Der Ohren-☐ ☐ damit zu ☐,

welche Töne Hans ☐ ☐ kann. ☐

und ☐ der Töne kann der ☐ ☐.

Bei ☐ ☐ Tönen hat Hans

☐, ☐ etwas ☐ als

☐. ☐ der ☐

die ☐ ☐. Hans hat ☐,

das Ohr ist ☐ vom ☐ der ☐

und er kann wieder ☐ und ☐ hören.

Lückentext zum Üben (Lückenwörter als Purzelwörter)

Beim Ohren-☐ (artz)

Obwohl Hans im ☐ (cehinrrttU) ☐ (aafpsstu),

☐ (abbceehott) seine ☐ (eehiLnrr), dass er

☐ (bloß) ☐ (cdehilntuu) hört. Der Ohren-

☐ (artz) ☐ (beginnt) damit zu ☐

(eemnss), welche Töne Hans ☐ (cghiirt) ☐

(eeeknnnr) kann. ☐ (eHhö) und ☐ (äegLn) der Töne

kann der ☐ (Artz) ☐ (eenrstu). Bei

☐ (beeimmnstt) ☐ (eefint) Tönen hat

Hans ☐ (ceeeghiiiknrStw), ☐ (iklns)

etwas ☐ (ehmr) als ☐ (cehrts).

☐ (ccehhiillSß) ☐ (eefnnrtt) der

☐ (Artz) die ☐ (aaeeeglmmnst)

☐ (eFgiiklsstü). Hans hat ☐ (cGklü), das Ohr ist

☐ (efir) vom ☐ (cDkru) der ☐

(eFgiiklsstü) und er kann wieder ☐ (eeeffhilrr) und

☐ (acfhrs) hören.

58

Thematik	*Orientierung im heimatlichen Raum*

GWS-Wortschatz

Namenwörter: Bahn, Brücke, Entfernung, Fluss, Gebäude, Hang, Höhe, Höhle, Laub, Maß, Meer, Quelle, See, Straße, Tiefe, Wald

Zeitwörter: entdecken, informieren, (er-)kennen, zeichnen

Eigenschaftswörter: bequem, besser, deutlich, klar, wichtig

sonstige Wörter: außen (außerdem)

nicht im GWS enthaltene Wörter: Berg, ganz, genau, Karte

Text

Eine Karte informiert

Mit einer Karte kann man sich bequem und besser zurechtfinden. Alles was wichtig ist, ist deutlich eingezeichnet: Seen und Flüsse, Brücken, Straßen und Bahnlinien. Man erkennt Laubwälder und Nadelwälder. Bei ganz genauen Karten kann man klar Höhlen, Quellen und Gebäude entdecken. Außerdem informiert eine Karte über die Höhe von Berghängen und die Tiefe von Meeren. Mit dem Maßstab kann man Entfernungen berechnen.

(65 Wörter, davon 26 GWS-Wörter oder davon abgeleitete Wörter)

Nachdenkstrategien	orthografische Merkstellen
lang gesprochener i-Laut ➜ *ie:* informieren, Tiefe	*langes i, Schreibweise i:* Linie
ä/äu ➜ *verwandtes Wort mit a:* Wälder, Gebäude, Hänge	*Wörter mit ä ohne Ableitung:*
Auslautverhärtung bei b,d,g ➜ *Verlängerung:* wichtig, Laub, Wald, Berghang, Stab, Entfernung	*doppelter Vokal:* See, Meer
silbentrennendes h ➜ *Verlängerung:* Höhe	*Dehnungs-h:* Höhle
Rückführung zur Grundform: erkennt	*Wörter mit v/V:*
kurzer Vokal und Mitlautverdoppelung, tz, ck: kann, besser, Flüsse, Brücken, erkennt, Quelle, entdecken	*Wörter mit ß:* Straße, außerdem, Maß
Nach l,n,r oder Doppellaut steht nie ck oder tz:	*ks-Laut bzw. z-Laut ts geschrieben:*
Wortbausteine:	*besondere Wörter:* qu-Laut: bequem, Quelle informieren

Lückentext zum Andiktieren der Wörter zum Grundwortschatz

Eine Karte [____]

Mit einer Karte kann man sich [____] und [____] zurechtfinden. Alles was [____] ist, ist [____] [____]: [____] und [____], [____], [____] und [____]-linien. Man [____] [____] und Nadel-[____]. Bei ganz genauen Karten kann man [____] [____], [____] und [____] [____]. [____] [____] eine Karte über die [____] von Berg-[____] und die [____] von [____]. Mit dem [____]-stab kann man [____] berechnen.

Lückentext zum Üben (Lückenwörter als Purzelwörter)

Eine Karte [____] (efiimnorrt)

Mit einer Karte kann man sich [____] (beemqu) und [____] (beerss) zurechtfinden. Alles was [____] (cghiitw) ist, ist (cdehiltu) [____] (ceeeeghiinntz): [____] (eenS) und [____] (eFlssü), [____] (Bceknrü), [____] (aenrSßt) und [____]-linien (aBhn). Man [____] (eeknnrt) [____] (aäbdeLlruw) und Nadel-[____] (ädelrw) . Bei ganz genauen Karten kann man [____] (aklr) [____] (eHhlnö), [____] (eellnQu) und [____] (äbdeeGu) [____] (cdeeeknnt). [____] (Adeemßru) [____] (efiimnorrt) eine Karte über die [____] (eHhö) von Berg-[____] (äeghnn) und die [____] (eefiT) von [____] (eeeMnr). Mit dem [____]-stab (aMß) kann man [____] (Eeefgnnnnrtu) berechnen.

Thematik	*Orientierung im heimatlichen Raum*

GWS-Wortschatz

Namenwörter:	Brücke, Fluss, Höhe, Kompass, Kreuz, Laub, Quelle, Spitze, Stück, Sturm (ZW: erstürmen), Wald, Ziel (zus.ges. EW: zielstrebig)
Zeitwörter:	biegen, führen, geschehen, klettern (NW: Kletterer), nützen, rennen, steuern, verlieren
Eigenschaftswörter:	dick (NW: Dickicht), jung, (ent-)lang (ZW: gelangen), letzte, richtig
sonstige Wörter:	bestimmt, bloß, links, rechts, schließlich, tausend

nicht im GWS enthaltene Wörter: gelangen, Gipfel, Meter, oben, streben

Text

Wandertag

Die Schüler wollen auf die Bergspitze in tausend Meter Höhe. Der Weg führt einen Fluss entlang. Über eine Brücke gelangen sie in einen Laubwald. Sollten sie im Dickicht den Weg verlieren, kann ihnen nichts geschehen. Schließlich nützen Kompass und Karte bestimmt die richtige Richtung zu finden. Bei einer Quelle biegt sich der Weg zuerst nach links, dann nach rechts. Zielstrebig steuern die jungen Kletterer nach oben. Das letzte Stück rennen sie bloß noch und erstürmen das Gipfelkreuz.

(78 Wörter, davon 31 GWS-Wörter oder davon abgeleitete Wörter)

Nachdenkstrategien

lang gesprochener i-Laut ➜ *ie:*
verlieren, schließlich, biegen, zielstrebig

ä/äu ➜ *verwandtes Wort mit a:*

Auslautverhärtung bei b,d,g ➜ *Verlängerung:*
Tag, Berg, tausend, Weg, entlang, gelangen, Wald, richtig, Richtung, biegt, zielstrebig, jung

silbentrennendes h ➜ *Verlängerung:*
Höhe, geschehen

Rückführung zur Grundform:
sollten, biegt

kurzer Vokal und Mitlautverdoppelung, tz, ck:
wollen, Spitze, Fluss, Brücke,sollten, dick, kann, nützen, Kompass, bestimmt, Quelle, klettern, letzte, Stück, rennen

Nach l,n,r oder Doppellaut steht nie ck oder tz:
links, Kreuz

Wortbausteine:

orthografische Merkstellen

langes i, Schreibweise i bzw. ih:
ihnen

Wörter mit ä ohne Ableitung:

doppelter Vokal:

Dehnungs-h:
führt, ihnen

Wörter mit v/V:
verlieren

Wörter mit ß:
schließlich, bloß

ks-Laut bzw. z-Laut ts geschrieben:
links // nichts, rechts

besondere Wörter:
Kompass

Lückentext zum Andiktieren der Wörter zum Grundwortschatz

Wandertag

Die Schüler wollen auf die Berg-[＿＿＿＿＿] in [＿＿＿＿＿] Meter

[＿＿＿＿＿]. Der Weg [＿＿＿＿＿] einen [＿＿＿＿＿]

[＿＿＿＿＿]. Über eine [＿＿＿＿＿] [＿＿＿＿＿] sie in einen

[＿＿＿＿＿]. Sollten sie im [＿＿＿＿＿] den Weg

[＿＿＿＿＿], kann ihnen nichts [＿＿＿＿＿].

[＿＿＿＿＿] [＿＿＿＿＿] [＿＿＿＿＿] und Karte

[＿＿＿＿＿] die [＿＿＿＿＿] Richtung zu finden. Bei einer

[＿＿＿＿＿] [＿＿＿＿＿] sich der Weg zuerst nach

[＿＿＿＿＿], dann nach [＿＿＿＿＿]. [＿＿＿＿＿]-strebig

[＿＿＿＿＿] die [＿＿＿＿＿] [＿＿＿＿＿] nach oben. Das

[＿＿＿＿＿] [＿＿＿＿＿] [＿＿＿＿＿] sie [＿＿＿＿＿]

noch und [＿＿＿＿＿] das Gipfel-[＿＿＿＿＿].

Lückentext zum Üben (Lückenwörter als Purzelwörter)

Wandertag

Die Schüler wollen auf die Berg-[＿＿＿＿＿] (eipstz) in [＿＿＿＿＿]
(adenstu) Meter [＿＿＿＿＿] (eHhö). Der Weg [＿＿＿＿＿] (fhrtü)
einen [＿＿＿＿＿] (Flssu) [＿＿＿＿＿] (aeglnnt). Über eine
[＿＿＿＿＿] (Bcekrü) [＿＿＿＿＿] (aeegglnn) sie in einen
[＿＿＿＿＿] (aabdLluw). Sollten sie im [＿＿＿＿＿] (ccDhiikt)
den Weg [＿＿＿＿＿] (eeeilnrrv), kann ihnen nichts
[＿＿＿＿＿] (ceeeghhns). [＿＿＿＿＿] (ccehhiillSß)
[＿＿＿＿＿] (enntüz) [＿＿＿＿＿] (aKmopss) und Karte
[＿＿＿＿＿] (beimmstt) die [＿＿＿＿＿] (ceghiirt) Richtung zu finden.
Bei einer [＿＿＿＿＿] (eellQu) [＿＿＿＿＿] (begit) sich der Weg
zuerst nach [＿＿＿＿＿] (iklns), dann nach [＿＿＿＿＿] (cehrst).
[＿＿＿＿＿]-strebig (eilZ) [＿＿＿＿＿] (eenrstu) die [＿＿＿＿＿]
(egjnnu) [＿＿＿＿＿] (eeeKlrrtt) nach oben. Das [＿＿＿＿＿]
(eelttz) [＿＿＿＿＿] (ckStü) [＿＿＿＿＿] (eennnr) sie [＿＿＿＿＿]
(bloß) noch und [＿＿＿＿＿] (eemnrrstü) das Gipfel-[＿＿＿＿＿]
(ekruz).

Thematik	*Orientierung in Zeit und Raum*

GWS-Wortschatz

Namenwörter:	Blick, Deutschland, Entfernung, Europa, Ferien, Führung, Interesse, Land, Maß, Meer, Nähe, Stadt, Strand, Straße, Urlaub, Ziel
Zeitwörter:	beginnen, informieren, nützen
Eigenschaftswörter:	fröhlich (hier als Name verwendet)
sonstige Wörter:	anders (hier: andere), bevor, natürlich, tausend

nicht im GWS enthaltene Wörter: Karte, Punkt, Stab, überlegen

Text

Urlaubszeit

Familie Fröhlich überlegt, ob sie die Ferien in Deutschland oder einem anderen Land in Europa verbringen will. Ein schöner Strand am Meer liegt im Blickpunkt ihres Interesses. Natürlich soll auch eine Stadt in der Nähe sein. Bevor die Reise beginnt, informiert sich Herr Fröhlich auf der Landkarte über die Straßenführung. Der Maßstab nützt ihm dazu Entfernungen zu berechnen. Oft sind es etwa tausend Kilometer bis zum Urlaubsziel.

(68 Wörter, davon 24 GWS-Wörter oder davon abgeleitete Wörter)

Nachdenkstrategien

lang gesprochener i-Laut → ie:
liegt, informiert, Ziel
ä/äu → verwandtes Wort mit a:
Nähe
Auslautverhärtung bei b,d,g → Verlängerung:
Land, Strand, Führung, Stab, tausend, Urlaub s.a.u.
silbentrennendes h → Verlängerung:
Nähe
Rückführung zur Grundform:
überlegt, will, liegt, soll, beginnt, nützt
kurzer Vokal und Mitlautverdoppelung, tz, ck:
will, Blick, Interesse, soll, beginnt, nützt

Nach l,n,r oder Doppellaut steht nie ck oder tz:
Punkt
Wortbausteine: Nachsilbe -ung(NW, Auslautverh.)
Führung, Entfernung

orthografische Merkstellen

langes i, Schreibweise i bzw. ih:
ihres, ihm
Wörter mit ä ohne Ableitung:

doppelter Vokal:
Meer
Dehnungs-h:
fröhlich, Führung
Wörter mit v/V:
verbringen, bevor
Wörter mit ß:
Straße, Maß
ks-Laut bzw. z-Laut ts geschrieben:

besondere Wörter:
Interesse, Stadt, informieren

Lückentext zum Andiktieren der Wörter zum Grundwortschatz

Urlaubszeit

Familie [＿＿＿＿＿＿＿] überlegt, ob sie die [＿＿＿＿＿＿＿] in

[＿＿＿＿＿＿＿] oder einem [＿＿＿＿＿＿＿] [＿＿＿＿＿＿＿] in

[＿＿＿＿＿＿＿] verbringen will. Ein schöner [＿＿＿＿＿＿＿] am

[＿＿＿＿＿＿＿] liegt im [＿＿＿＿＿＿＿]-punkt ihres [＿＿＿＿＿＿＿].

[＿＿＿＿＿＿＿] soll auch eine [＿＿＿＿＿＿＿] in der [＿＿＿＿＿＿＿]

sein. [＿＿＿＿＿＿＿] die Reise [＿＿＿＿＿＿＿], [＿＿＿＿＿＿＿] sich

Herr [＿＿＿＿＿＿＿] auf der [＿＿＿＿＿＿＿]-karte über die

[＿＿＿＿＿＿＿]. Der [＿＿＿＿＿＿＿]-stab [＿＿＿＿＿＿＿] ihm

dazu [＿＿＿＿＿＿＿] zu berechnen. Oft sind es etwa [＿＿＿＿＿＿＿]

Kilometer bis zum [＿＿＿＿＿＿＿].

Lückentext zum Üben (Lückenwörter als Purzelwörter)

Urlaubszeit

Familie [＿＿＿＿＿＿＿] (cFhhilör) überlegt, ob sie die [＿＿＿＿＿＿＿]

(eeFinr) in [＿＿＿＿＿＿＿] (acDdehlnstu) oder einem [＿＿＿＿＿＿＿]

(adeennr) [＿＿＿＿＿＿＿] (adLn) in [＿＿＿＿＿＿＿] (aEporu) verbringen will.

Ein schöner [＿＿＿＿＿＿＿] (adnrSt) am [＿＿＿＿＿＿＿] (eeMr) liegt im

[＿＿＿＿＿＿＿]-punkt (Bcikl) ihres [＿＿＿＿＿＿＿] (eeeInrssst).

[＿＿＿＿＿＿＿] (achilNrtü) soll auch eine [＿＿＿＿＿＿＿] (adStt) in der

[＿＿＿＿＿＿＿] (äehN) sein. [＿＿＿＿＿＿＿] (Beorv) die Reise

[＿＿＿＿＿＿＿] (beginnt) , [＿＿＿＿＿＿＿] (efiimnorrt) sich Herr

[＿＿＿＿＿＿＿] (cFhhilör) auf der [＿＿＿＿＿＿＿]-karte (adLn) über die

[＿＿＿＿＿＿＿] (aefghnnrrSßtuü) . Der [＿＿＿＿＿＿＿]-stab (aMß)

[＿＿＿＿＿＿＿] (nttüz) ihm dazu [＿＿＿＿＿＿＿] (Eeefgnnnnrtu) zu be-

rechnen. Oft sind es etwa [＿＿＿＿＿＿＿] (adenstu) Kilometer bis zum

[＿＿＿＿＿＿＿] (abeillrsUuz).

Thematik	*Elektrizität*

GWS-Wortschatz

Namenwörter: Bahn, Beispiel, Draht, Fernseher, Heizung, Kraft, Maschine, Quelle, Radio, Schalter, Strom, Technik (EW: technisch)

Zeitwörter: beginnen, bohren (NW: Bohrer), drehen, drücken, fließen, glühen, leuchten, mixen (NW: Mixer), schließen, verbrauchen (NW: Verbraucher)

Eigenschaftswörter: bequem, dünn, offen (ZW: öffnen)

sonstige Wörter: zurück

nicht im GWS enthaltene Wörter: elektrisch, Geräte, kosten, Kreis, Lämpchen, Umgang, wenig

Text

Strom

Von der Stromquelle fließt der Strom zum Verbraucher und wieder zurück. Mit Schaltern zum Drücken oder Drehen kann der Stromkreis geöffnet werden. Ist der Stromkreis geschlossen, beginnt zum Beispiel der dünne Draht im Lämpchen zu glühen und dieses zu leuchten. Auch Radio, Fernseher und viele technische Geräte, Mixer und Bohrmaschine, elektrische Heizung und Eisenbahn verbrauchen Strom. Der Umgang mit Strom ist bequem und kostet wenig Kraft.

(67 Wörter, davon 26 GWS-Wörter oder davon abgeleitete Wörter)

Nachdenkstrategien

lang gesprochener i-Laut ➡ ie:
fließt, wieder, Beispiel, dieses, viele

ä/äu ➡ verwandtes Wort mit a:
Lämpchen

Auslautverhärtung bei b,d,g ➡ Verlängerung:
Heizung, Umgang, wenig

silbentrennendes h ➡ Verlängerung:
drehen, glühen, Fernseher

Rückführung zur Grundform:
kann, beginnt

kurzer Vokal und Mitlautverdopplung, tz, ck:
Quelle, zurück, drücken, kann, geöffnet, geschlossen, beginnt, dünn

Nach l,n,r oder Doppellaut steht nie ck oder tz:
Heizung

Wortbausteine: Großschreibung nach zum:
zum Drücken, zum Drehen

orthografische Merkstellen

langes i, Schreibweise i:
Bohrmaschine

Wörter mit ä ohne Ableitung:
Geräte (evtl. geraten)

doppelter Vokal:

Dehnungs-h:
Draht, Bohrmaschine, Eisenbahn

Wörter mit v/V:
von, Verbraucher, viele, verbrauchen

Wörter mit ß:
fließt

ks-Laut bzw. z-Laut ts geschrieben:
Mixer

besondere Wörter: qu-Laut / Fremdwörter:
Quelle, technisch, elektrisch, bequem

Lückentext zum Andiktieren der Wörter zum Grundwortschatz

Strom

Von der [＿＿＿＿＿＿＿＿＿＿] [＿＿＿＿＿＿＿＿＿＿] der [＿＿＿＿＿＿＿＿]
zum [＿＿＿＿＿＿＿＿] und wieder [＿＿＿＿＿＿＿＿]. Mit
[＿＿＿＿＿＿＿＿] zum [＿＿＿＿＿＿] oder [＿＿＿＿＿＿＿] kann der
[＿＿＿＿＿＿]-kreis [＿＿＿＿＿＿＿] werden. Ist der [＿＿＿＿＿＿＿]-
kreis [＿＿＿＿＿＿＿], [＿＿＿＿＿＿＿] zum [＿＿＿＿＿＿＿] der
[＿＿＿＿＿＿] [＿＿＿＿＿＿＿] im Lämpchen zu [＿＿＿＿＿＿＿] und
dieses zu [＿＿＿＿＿＿]. Auch [＿＿＿＿＿＿], [＿＿＿＿＿＿＿＿]
und viele [＿＿＿＿＿＿＿＿] Geräte, [＿＿＿＿＿＿] und
[＿＿＿＿＿＿＿], elektrische [＿＿＿＿＿＿] und
Eisen-[＿＿＿＿＿] [＿＿＿＿＿＿＿] [＿＿＿＿＿＿＿]. Der Umgang mit
[＿＿＿＿＿＿] ist [＿＿＿＿＿＿] und kostet wenig [＿＿＿＿＿＿].

Lückentext zum Üben (Lückenwörter als Purzelwörter)

Strom

Von der [＿＿＿＿＿＿＿＿＿] (eellmoqrStu) [＿＿＿＿＿＿] (efilßt) der
[＿＿＿＿＿＿] (morSt) zum [＿＿＿＿＿＿＿＿] (abceehrrruV) und wieder
[＿＿＿＿＿＿] (ckruüz). Mit [＿＿＿＿＿＿] (acehlnrSt) zum
[＿＿＿＿＿＿] (cDeknrü) oder [＿＿＿＿＿＿] (Deehnr) kann der
[＿＿＿＿＿＿]-kreis (morSt) [＿＿＿＿＿＿] (eeffgnöt) werden. Ist der
[＿＿＿＿＿＿]-kreis (morSt) [＿＿＿＿＿＿] (ceeghlnosss),
[＿＿＿＿＿＿] (beginnt) zum [＿＿＿＿＿＿] (Beeiilps) der
[＿＿＿＿＿＿] (dennü) [＿＿＿＿＿＿] (aDhrt) im Lämpchen zu
[＿＿＿＿＿＿] (eghlnü) und dieses zu [＿＿＿＿＿＿] (ceehlntu). Auch
[＿＿＿＿＿＿] (adioR), [＿＿＿＿＿＿] (eeeFhnrrs) und viele
[＿＿＿＿＿＿] (cceehhinst) Geräte, [＿＿＿＿＿＿] (eiMrx) und
[＿＿＿＿＿＿] (aBcehhimnors) , elektrische [＿＿＿＿＿＿]
(egHinuz) und Eisen-[＿＿＿＿＿＿] (abhn) [＿＿＿＿＿＿] (abceehnrruv)
[＿＿＿＿＿＿] (morSt). Der Umgang mit [＿＿＿＿＿＿] (morSt) ist
[＿＿＿＿＿＿] (beemqu) und kostet wenig [＿＿＿＿＿＿] (afKrt).

66

Thematik	*Elektrizität*

GWS-Wortschatz

Namenwörter:	Beispiel, Fluss, Herstellung, Hitze, (An-)Höhe, Kraft, Land (ZW: landen) Magnet, Maschine, Strom
Zeitwörter:	herstellen, leuchten, (herab-)setzen, verbrauchen (NW: Verbraucher), (er-)zielen
Eigenschaftswörter:	kühl (NW: Kühlung), stark (hier NW: Starkstrom und ZW: verstärken)
sonstige Wörter:	bevor, mehr (hier: mehrere, mehrmals), spät(er)

nicht im GWS enthaltene Wörter: gering, Lämpchen, Spannung, Weise, Werk

Text

Herstellung und Wirkung des Stroms

Strom wird auf mehrere Weise hergestellt. So gibt es zum Beispiel an Flüssen und Strömen Wasserkraftwerke und auf Anhöhen Windkraftwerke. Der dort hergestellte Starkstrom wird später mehrmals auf eine geringere Spannung herabgesetzt, bevor er beim Verbraucher landet. Mit Strom wird Hitze und Kühlung erzielt, kommen Maschinen in Bewegung und leuchten Lämpchen. Die Kraft eines Magneten kann verstärkt werden.

(63 Wörter, davon 20 GWS-Wörter oder davon abgeleitete Wörter)

Nachdenkstrategien	orthografische Merkstellen
lang gesprochener i-Laut ➜ ie:	*langes i, Schreibweise i:*
Beispiel, erzielt	Maschine
ä/äu ➜ verwandtes Wort mit a:	*Wörter mit ä ohne Ableitung:*
später (evtl. bayr. „spat"), Lämpchen, verstärkt	
Auslautverhärtung bei b,d,g ➜ Verlängerung:	*doppelter Vokal:*
gibt, Wind, herab, wird (s.a.u.)	
silbentrennendes h ➜ Verlängerung:	*Dehnungs-h:*
Anhöhen	mehrere, mehrmals, Kühlung
Rückführung zur Grundform:	*Wörter mit v/V:*
hergestellt, gibt, herabgesetzt, verstärkt	bevor, Verbraucher, verstärkt
kurzer Vokal und Mitlautverdoppelung, tz, ck:	*Wörter mit ß:*
Herstellung, hergestellt, Flüsse, Spannung, herabgesetzt, Hitze, kommen	
Nach l,n,r oder Doppellaut steht nie ck oder tz:	*ks-Laut bzw. z-Laut ts geschrieben:*
Wirkung, Starkstrom, verstärkt	
Wortbausteine: Nachsilbe -ung (NW, Auslautverh.)	*besondere Wörter:*
Herstellung, Wirkung, Spannung, Kühlung, Bewegung	

Lückentext zum Andiktieren der Wörter zum Grundwortschatz

[_____] **und Wirkung des** [_____]

[_____] wird auf [_____] Weise [_____]. So gibt es zum [_____] an [_____] und [_____] Wasser-[_____]-werke und auf Wind-[_____]-werke. Der dort [_____] [_____] wird [_____] [_____] auf eine geringere Spannung [_____], [_____] er beim [_____] [_____]. Mit [_____] wird [_____] und [_____] [_____], kommen [_____] in Bewegung und [_____] Lämpchen. Die [_____] eines [_____] kann [_____] werden.

Lückentext zum Üben (Lückenwörter als Purzelwörter)

[_____] (eegHllnrstu) **und Wirkung des** [_____] (morSst)

[_____] (morSt) wird auf [_____] (eeehmrr) Weise [_____] (eeeghllrstt). So gibt es zum [_____] (Beeiilps) an [_____] (eFlnssü) und [_____] (emnörSt) Wasser-[_____]-werke (afkrt) und auf [_____] (Aehhnnö) Wind-[_____]-werke (afkrt). Der dort [_____] (eeeeghllrstt) [_____] (akmorrSstt) wird [_____] (äeprst) [_____] (aehlmmrs) auf eine geringere Spannung [_____] (abeeeghrsttz) , [_____] (beorv) er beim [_____] (abceehrrruV) [_____] (adelnt). Mit [_____] (morSt) wird [_____] (eiHtz) und [_____] (ghKlnüu) [_____] (eeilrtz) , kommen [_____] (acehiMnns) in Bewegung und [_____] (ceehlntu) Lämpchen. Die [_____] (afKrt) eines [_____] (aeegMnnt) kann [_____] (äekrrsttv) werden.

68

Thematik	*Elektrizität*

GWS-Wortschatz

Namenwörter: Beispiel, Draht, Feuchtigkeit, Gefahr, Nähe, Radio, Strom

Zeitwörter: beginnen, bohren, brennen, fließen, glühen, (be-)nützen, (be-)rühren, schließen (NW: Schluss), schützen, verbrauchen (NW: Verbraucher)

Eigenschaftswörter: gefährlich, offen (ZW: öffnen), spitz, stark (NW: Stärke)

sonstige Wörter: mehr, niemals, vielleicht

nicht im GWS enthaltene Wörter: elektrisch, Gegenstand, Gerät, kurz, sondern, Steckdose

Text

Strom ist gefährlich

Wenn sich zwei Drähte berühren, kann es zum Kurzschluss kommen. Der Strom fließt nicht mehr durch den Verbraucher sondern mit so großer Stärke, dass der Draht zu glühen und vielleicht zu brennen beginnt. Um sich vor Gefahr zu schützen, sollte man niemals mit einem spitzen Gegenstand in der Steckdose bohren, elektrische Geräte öffnen oder zum Beispiel ein Radio in der Nähe von Wasser und Feuchtigkeit benützen.

(69 Wörter, davon 24 GWS-Wörter oder davon abgeleitete Wörter)

Nachdenkstrategien

lang gesprochener i-Laut ➜ ie:
fließt, vielleicht, niemals, Beispiel

ä/äu ➜ verwandtes Wort mit a:
gefährlich, Drähte, Stärke, Nähe

Auslautverhärtung bei b,d,g ➜ Verlängerung:
Gegenstand

silbentrennendes h ➜ Verlängerung:
glühen, Nähe

Rückführung zur Grundform:
kann, beginnt, sollte

kurzer Vokal und Mitlautverdoppelung, tz, ck:
wenn, kann, Kurzschluss, kommen, dass, brennen, beginnen, schützen, sollte, spitz, Steckdose, öffnen, Wasser, benützen

Nach l,n,r oder Doppellaut steht nie ck oder tz:
Kurzschluss, Stärke

Wortbausteine: Vorsilbe be-

orthografische Merkstellen

langes i, Schreibweise i:

Wörter mit ä ohne Ableitung:
Gerät (evtl. geraten)

doppelter Vokal:

Dehnungs-h: gefährlich, Draht, berühren, mehr, Gefahr, bohren

Wörter mit v/V:
Verbraucher, vielleicht, vor

Wörter mit ß:
fließt

ks-Laut bzw. z-Laut ts geschrieben:

besondere Wörter:
elektrisch

Lückentext zum Andiktieren der Wörter zum Grundwortschatz

[_____] ist [_____]

Wenn sich zwei [_____] [_____], kann es zum Kurz-
[_____] kommen. Der [_____] [_____] nicht
[_____] durch den [_____] sondern mit so großer
[_____], dass der [_____] zu [_____] und
[_____] zu [_____]. Um sich
vor [_____] zu [_____], sollte man [_____] mit
einem [_____] Gegenstand in der Steckdose [_____],
elektrische Geräte [_____] oder zum [_____] ein
[_____] in der [_____] von Wasser und
[_____] [_____].

Lückentext zum Üben (Lückenwörter als Purzelwörter)

[_____] (morSt) ist [_____] (äcefghhilr)

Wenn sich zwei [_____] (äDehrt) [_____] (beehnrrü), kann
es zum Kurz-[_____] (chlsssu) kommen. Der [_____]
(morSt) [_____] (efilßt) nicht [_____] (ehmr) durch den
[_____] (abceehrrruV) sondern mit so großer [_____]
(äekrSt), dass der [_____] (aDhrt) zu [_____] (eghlnü) und
[_____] (ceehiilltv) zu [_____] (beennnr)
[_____] (beginnt). Um sich vor [_____] (aefGhr) zu
[_____] (cehnstüz), sollte man [_____] (aeilmns) mit einem [_____] (einpstz) Gegenstand in der Steckdose
[_____] (behnor), elektrische Geräte [_____] (effnnö) oder
zum [_____] (Beeiilps) ein [_____] (adioR) in der
[_____] (äehN) von Wasser und [_____] (ceeFghiikttu)
[_____] (beenntüz) .

70

GWS-Wortschatz

Namenwörter: Christ, Erwartung, Geruch, Geschäft, Handy, Lied, Nuss, Päckchen, Paket, Stadt, Süßigkeit, Technik, Unterricht

Zeitwörter: backen, blicken, interessieren, schmecken (EW: schmackhaft), (durch-)strömen, verpacken

Eigenschaftswörter: fleißig, fröhlich, jung, süß, voll

sonstige Wörter: anders (hier: andere), bereit (ZW: bereiten), bevor, entgegen, natürlich

nicht im GWS enthaltene Wörter: Fest, köstlich, Küche, Lego, schicken, Weihnacht

Text

Weihnachtszeit

Bevor das Christkind kommt, gibt es viel zu tun. Die Kinder lernen im Unterricht fröhliche Lieder. In den Geschäften der Stadt interessieren sich junge Leute für Legotechnik und Handys. Päckchen werden verpackt und Pakete verschickt. Natürlich werden auch fleißig süße Nussplätzchen gebacken und andere schmackhafte Süßigkeiten bereitet. Die Küche durchströmt ein köstlicher Geruch. Voll Erwartung blicken alle dem Fest entgegen.

(61 Wörter, davon 29 GWS-Wörter oder davon abgeleitete Wörter)

Nachdenkstrategien

lang gesprochener i-Laut ➜ ie:
viel, Lieder, interessieren

ä/äu ➜ verwandtes Wort mit a:
Geschäft, Päckchen, Plätzchen

Auslautverhärtung bei b,d,g ➜ Verlängerung:
Kind, gibt, Lied, jung, fleißig, Süßigkeit, Erwartung

silbentrennendes h ➜ Verlängerung:

Rückführung zur Grundform:
kommt, gibt, verpackt, verschickt, durchströmt

kurzer Vokal und Mitlautverdoppelung, tz, ck:
kommt, interessieren, Päckchen, verpackt, verschickt, Nussplätzchen, gebacken, schmackhaft, voll, blicken, alle

Nach l,n,r oder Doppellaut steht nie ck oder tz:

Wortbausteine: Nachsilbe -haft (EW): schmackhaft

orthografische Merkstellen

langes i, Schreibweise i:

Wörter mit ä ohne Ableitung:

doppelter Vokal:

Dehnungs-h:
Weihnachten, fröhlich

Wörter mit v/V:
bevor, viel, verpacken, verschicken, voll

Wörter mit ß:
fleißig, süß, Süßigkeiten

ks-Laut bzw. z-Laut ts geschrieben:
Weihnachtszeit

besondere Wörter:
Christ, Stadt, interessieren, Technik, Handy, Paket

Lückentext zum Andiktieren der Wörter zum Grundwortschatz

Weihnachtszeit

[＿＿＿＿＿＿＿] das [＿＿＿＿＿＿]-kind kommt, gibt es viel zu tun. Die Kinder lernen im [＿＿＿＿＿＿] [＿＿＿＿＿＿] [＿＿＿＿＿＿]. In den [＿＿＿＿＿＿] der [＿＿＿＿＿＿] [＿＿＿＿＿＿] sich [＿＿＿＿＿＿] Leute für Lego-[＿＿＿＿＿＿] und [＿＿＿＿＿＿]. [＿＿＿＿＿＿] werden [＿＿＿＿＿＿] und [＿＿＿＿＿＿] ver-schickt. [＿＿＿＿＿＿] werden auch [＿＿＿＿＿＿] [＿＿＿＿＿＿] [＿＿＿＿＿＿]-plätzchen [＿＿＿＿＿＿] und [＿＿＿＿＿＿] [＿＿＿＿＿＿] [＿＿＿＿＿＿] [＿＿＿＿＿＿]. Die Küche [＿＿＿＿＿＿] ein köstlicher [＿＿＿＿＿＿]. [＿＿＿＿＿＿] [＿＿＿＿＿＿] [＿＿＿＿＿＿] alle dem Fest [＿＿＿＿＿＿].

Lückentext zum Üben (Lückenwörter als Purzelwörter)

Weihnachtszeit

[＿＿＿＿＿＿] (Beorv) das [＿＿＿＿＿＿]-kind (Chirst) kommt, gibt es viel zu tun. Die Kinder lernen im [＿＿＿＿＿＿] (cehinrrttU) [＿＿＿＿＿＿] (cefhhilör) [＿＿＿＿＿＿] (deeiLr). In den [＿＿＿＿＿＿] (äceefGhnst) der [＿＿＿＿＿＿] (adStt) [＿＿＿＿＿＿] (eeeeiinnrrsst) sich [＿＿＿＿＿＿] (egjnu) Leute für Lego-[＿＿＿＿＿＿] (cehiknt) und [＿＿＿＿＿＿] (adHnsy). [＿＿＿＿＿＿] (äccehknP) werden [＿＿＿＿＿＿] (acekprtv) und [＿＿＿＿＿＿] (aeekPt) verschickt. [＿＿＿＿＿＿] (achilNrtü) werden auch [＿＿＿＿＿＿] (efgiilß) [＿＿＿＿＿＿] (esßü) [＿＿＿＿＿＿]-plätzchen (Nssu) [＿＿＿＿＿＿] (abceegkn) und [＿＿＿＿＿＿] (adeenr) [＿＿＿＿＿＿] (aaccefhhkmst) [＿＿＿＿＿＿] (eegiiknSßtü) [＿＿＿＿＿＿] (beeeirtt). Die Küche [＿＿＿＿＿＿] (cdhmörrsttu) ein köstlicher [＿＿＿＿＿＿] (ceGhru) . [＿＿＿＿＿＿] (lloV) [＿＿＿＿＿＿] (aEgnrrtuw) [＿＿＿＿＿＿] (bceikln) alle dem Fest [＿＿＿＿＿＿] (eeeggnnt).

72

Thematik	*Erkunden der Umwelt - Verbrennung*

GWS-Wortschatz

Namenwörter: Beispiel, Feuer, Gebäude, Geruch, Hitze, Laub, Maschine, Nahrung, Stoff, Verbrennung

Zeitwörter: beißen, brennen, (be-)heizen, leuchten (hier NW: Beleuchtung), nützen

Eigenschaftswörter: gefährlich, hart, kräftig, lang, stark, trocken

sonstige Wörter: anders (EW: andere), bereit (hier NW: Zubereitung), bestimmt (EW: bestimmte), bisschen, bloß, eigentlich

nicht im GWS enthaltene Wörter: antreiben, bewirken, erzeugen, Holz, Mensch, Rauch

Text

Verbrennung

Die Verbrennung nützt den Menschen zum Beheizen von Gebäuden, zur Zubereitung von Nahrung, zur Beleuchtung, zum Antreiben von Maschinen und ein bisschen auch als Freudenfeuer. Bestimmte Stoffe brennen lang und kräftig und bewirken eine starke Hitze, zum Beispiel trockenes, hartes Holz von Laubbäumen. Andere Stoffe brennen eigentlich nicht und erzeugen bloß gefährlichen Rauch und beißenden Geruch.

(57 Wörter, davon 27 GWS-Wörter oder davon abgeleitete Wörter)

Nachdenkstrategien

lang gesprochener i-Laut ➔ *ie:*
Beispiel

a/äu ➔ *verwandtes Wort mit a:*
Gebäude, kräftig, Bäume, gefährlich

Auslautverhärtung bei b,d,g ➔ *Verlängerung:*
lang, kräftig, Laub

silbentrennendes h ➔ *Verlängerung:*

Rückführung zur Grundform:
nützt

kurzer Vokal und Mitlautverdoppelung, tz, ck:
Verbrennung, nützt, bisschen, bestimmt, Stoff, brennen, trocken

Nach l,n,r oder Doppellaut steht nie ck oder tz:
beheizen, bewirken, stark, Holz

Wortbausteine: Nachsilbe -ung (NW, Auslautverh.)
Verbrennung, Zubereitung, Nahrung, Beleuchtung

orthografische Merkstellen

langes i, Schreibweise i:
Maschine

Wörter mit ä ohne Ableitung:

doppelter Vokal:

Dehnungs-h:
Nahrung, gefährlich

Wörter mit v/V:
Verbrennung, von

Wörter mit ß:
bloß, beißend

ks-Laut bzw. z-Laut ts geschrieben:

besondere Wörter:
Großschreibung von Zeitwörtern nach zum:
zum Beheizen, zum Antreiben

Lückentext zum Andiktieren der Wörter zum Grundwortschatz

[_____]

Die [_____] [_____] den Menschen zum [_____] von [_____], zur [_____] von [_____], zur [_____], zum Antreiben von [_____] und ein [_____] auch als Freuden-[_____].

[_____] [_____] [_____] und [_____] und bewirken eine [_____] [_____], zum [_____], [_____] Holz von [_____]-bäumen. [_____] [_____] [_____] [_____] nicht und erzeugen [_____] [_____] Rauch und [_____].

Lückentext zum Üben (Lückenwörter als Purzelwörter)

[_____] (beegnnnrruV)

Die [_____] (beegnnnrruV) [_____] (nttüz) den Menschen zum [_____] (Beeehinz) von [_____] (äbdeeGnu), zur [_____] (beeginrtuuZ) von [_____] (aghNnru), zur [_____] (Bceeghlntuu), zum Antreiben von [_____] (acehiMnns) und ein [_____] (bcehinss) auch als Freuden-[_____] (eefru).

[_____] (Beeimmstt) [_____] (effoSt) [_____] (beennnr) [_____] (agln) und [_____] (äfgikrt) und bewirken eine [_____] (aekrst) [_____] (eiHtz), zum [_____] (Beeiilps) [_____] (ceeknorst), [_____] (aehrst) Holz von [_____]-bäumen (abLu). [_____] (Adeenr) [_____] (effoSt) [_____] (beennnr) [_____] (ceeghiilnt) nicht und erzeugen [_____] (bloß) [_____] (äceefghhilnr) Rauch und [_____] (bdeeeinnß) (ceGhru).

74

Thematik	Erkunden der Umwelt - Verbrennung

GWS-Wortschatz

Namenwörter: Brand, Decke, Feuer, Maß, Schutz, Stoff, Wald

Zeitwörter: brennen (EW: brennbar), entfernen (hier: entfernt), nützen, treffen,verbrennen, wählen, wissen, (ent-)ziehen

Eigenschaftswörter: besser, feucht, gefährlich, nass, trocken, vorsichtig

sonstige Wörter: bereit (zus.ges. ZW: bereitstehen), schließlich

nicht im GWS enthaltene Wörter: eignen, Eimer, einige, ersticken, Holz, Lager, sauer, zuerst

Text

Lagerfeuer

Damit ein Lagerfeuer nicht zu einem gefährlichen Brand wird, muss man einige Schutzmaßnahmen treffen und vorsichtig sein. Man wählt zuerst einen geeigneten Platz aus entfernt von Wald und brennbaren Stoffen. Auch ein Eimer mit Wasser soll bereitstehen. Zum Verbrennen nützt trockenes Holz besser als feuchtes oder nasses. Schließlich sollte man wissen, dass man Feuer mit einer Decke ersticken kann. Dabei wird Sauerstoff entzogen.

(64 Wörter, davon 23 GWS-Wörter oder davon abgeleitete Wörter)

Nachdenkstrategien

lang gesprochener i-Laut ➜ *ie:*
schließlich

ä/äu ➜ *verwandtes Wort mit a:*
gefährlich

Auslautverhärtung bei b,d,g ➜ *Verlängerung:*
Brand, wird, vorsichtig, Wald

silbentrennendes h ➜ *Verlängerung:*

Rückführung zur Grundform:
wird, nützt, sollte

kurzer Vokal und Mitlautverdoppelung, tz, ck:
muss, Schutz, treffen, brennbar, Stoff, Wasser, soll, verbrennen, nützt, trocken, besser, nass, wissen, dass, Decke, ersticken,kann

Nach l,n,r oder Doppellaut steht nie ck oder tz:
Holz

Wortbausteine:

orthografische Merkstellen

langes i, Schreibweise i:

Wörter mit ä ohne Ableitung:
wählt

doppelter Vokal:

Dehnungs-h:
gefährlich, wählt

Wörter mit v/V:
vorsichtig, verbrennen

Wörter mit ß:
schließlich

ks-Laut bzw. z-Laut ts geschrieben:

besondere Wörter:
Großschreibung nach zum: zum Verbrennen

Lückentext zum Andiktieren der Wörter zum Grundwortschatz

Lager-[＿＿＿＿＿]

Damit ein Lager-[＿＿＿＿＿] nicht zu einem [＿＿＿＿＿]
[＿＿＿＿＿] wird, muss man einige [＿＿＿＿＿]-nahmen
[＿＿＿＿＿] und [＿＿＿＿＿] sein. Man [＿＿＿＿＿] zuerst
einen geeigneten Platz aus [＿＿＿＿＿] von [＿＿＿＿＿] und
[＿＿＿＿＿] [＿＿＿＿＿]. Auch ein Eimer mit Wasser soll
[＿＿＿＿＿]-stehen. Zum [＿＿＿＿＿] [＿＿＿＿＿]
[＿＿＿＿＿] Holz [＿＿＿＿＿] als [＿＿＿＿＿] oder
[＿＿＿＿＿]. [＿＿＿＿＿] sollte man [＿＿＿＿＿], dass
man [＿＿＿＿＿] mit einer [＿＿＿＿＿] ersticken kann. Dabei wird
Sauer-[＿＿＿＿＿] [＿＿＿＿＿].

Lückentext zum Üben (Lückenwörter als Purzelwörter)

Lager-[＿＿＿＿＿] (eefru)

Damit ein Lager-[＿＿＿＿＿]-(eefru) nicht zu einem [＿＿＿＿＿]
(äceefghhilnr) [＿＿＿＿＿] (aBdnr) wird, muss man einige
[＿＿＿＿＿]-nahmen (achmSßtuz) [＿＿＿＿＿] (abceehnt) und
[＿＿＿＿＿] (cghiiorstv) sein. Man [＿＿＿＿＿] (ähltw) zuerst einen
geeigneten Platz aus [＿＿＿＿＿] (eefnnrtt) von [＿＿＿＿＿] (adlW)
und [＿＿＿＿＿] (abbeennnrr) [＿＿＿＿＿] (effnoSt). Auch ein
Eimer mit Wasser soll [＿＿＿＿＿]-stehen (beeirt). Zum
[＿＿＿＿＿] (beeennnrrV) [＿＿＿＿＿] (nttüz) [＿＿＿＿＿]
(ceeknorst) Holz [＿＿＿＿＿] (beerss) als [＿＿＿＿＿] (ceefhstu) oder
[＿＿＿＿＿] (aensss). [＿＿＿＿＿] (ccehhiillSß) sollte man
[＿＿＿＿＿] (einssw), dass man [＿＿＿＿＿] (eeFru) mit einer
[＿＿＿＿＿] (cDeek) ersticken kann. Dabei wird Sauer-[＿＿＿＿＿]
(ffost) [＿＿＿＿＿] (eegnnotz).

Thematik	*Wünsche und Bedürfnisse - Medien*

GWS-Wortschatz

Namenwörter: Block, Entwicklung, Erlebnis, Europa (EW: europäisch), Fernseher, Geburtstag, Glück, Handy, Information, Land, Medien, Qual, Radio, Stadt, Wahl, Zeitung

Zeitwörter: erzählen, geschehen, (NW: Geschehnis), informieren, (be-)nützen (aus-)wählen

Eigenschaftswörter: besser, deutsch, richtig

sonstige Wörter: jemand, während

nicht im GWS enthaltene Wörter: ganz, Ort, vermitteln, Welt

Text

Medien richtig auswählen

Wer die Wahl hat, hat die Qual, auch bei den Medien. Während mit Radio und Fernseher Informationen aus deutschen Städten, europäischen Ländern und der ganzen Welt vermittelt werden, informiert die Zeitung über die Entwicklung der Geschehnisse vor Ort. Um Erlebnisse zu erzählen oder jemandem zum Geburtstag Glück zu wünschen benützt man besser Briefblock oder Handy.

(58 Wörter, davon 26 GWS-Wörter oder davon abgeleitete Wörter)

Nachdenkstrategien

lang gesprochener i-Laut ➜ *ie:*
infomiert, Brief

ü/äu ➜ *verwandtes Wort mit a:*
auswählen, Städte, europäisch, Länder, erzählen

Auslautverhärtung bei b,d,g ➜ *Verlängerung:*
richtig, während, Land, Zeitung, Entwicklung, jemand

silbentrennendes h ➜ *Verlängerung:*
Fernseher

Rückführung zur Grundform:
benützt

kurzer Vokal und Mitlautverdoppelung, tz, ck:
vermitteln, Entwicklung, Geschehnisse, Erlebnisse, Glück, benützt, besser, Block

Nach l,n,r oder Doppellaut steht nie ck oder tz:
ganz

Wortbausteine: Nachsilbe -nis;-nisse (NW):
Geschehnisse, Erlebnisse

orthografische Merkstellen

langes i, Schreibweise i:

Wörter mit ä ohne Ableitung:
während

doppelter Vokal:

Dehnungs-h: auswählen, Wahl, während, Geschehnis, erzählen

Wörter mit v/V:
vermitteln, vor

Wörter mit ß:

ks-Laut bzw. z-Laut ts geschrieben:
Geburtstag

besondere Wörter: qu-Laut: Qual; Medien, Information, Stadt, europäisch, informiert, Handy

Lückentext zum Andiktieren der Wörter zum Grundwortschatz

[_____] [_____] [_____]

Wer die [_____] hat, hat die [_____], auch bei den

[_____]. [_____] mit [_____] und

[_____] [_____] aus [_____]

[_____], [_____] [_____] und der ganzen

Welt vermittelt werden, [_____] die [_____] über die

[_____] der [_____] vor Ort. Um

[_____] zu [_____] oder [_____]

zum [_____] [_____] zu wünschen [_____]

man [_____] Brief-[_____] oder [_____].

Lückentext zum Üben (Lückenwörter als Purzelwörter)

[_____] (deeiMn) [_____] (cghiirt) [_____] (aäehlnsuw)

Wer die [_____] (ahlW) hat, hat die [_____] (alQu), auch

bei den [_____] (deeiMn). [_____] (ädehnrW) mit

[_____] (adioR) und [_____] (eeeFhnrrs)

[_____] (aeflimnnnoort) aus [_____] (cdeehnstu)

[_____] (ädenStt), [_____] (äceehinoprsu)

[_____] (ädeLnnr) und der ganzen Welt vermittelt werden,

[_____] (efiimnorrt) die [_____] (egintuZ) über die

[_____] (cEgiklnntuw) der [_____] (ceeeGhhinsss)

vor Ort. Um [_____] (bEeeilnrss) zu [_____]

(äeehlnrz) oder [_____] (adeejmmn) zum

[_____] (abeGgrsttu) [_____] (cGklü) zu wünschen [_____] (benttüz)

man [_____] (beerss) Brief-[_____] (bcklo) oder

[_____] (adHny).

78

Thematik	*Wünsche und Bedürfnisse - Medien*

GWS-Wortschatz

Namenwörter:	Arzt, Diskette, Fernseher, Frieden, Geburt, Handy, Krieg, Land, Lehrer, Medien, Programm, Radio, Straße, Zeitung
Zeitwörter:	beobachten, informieren, kennen (hier: bekannt), rennen (zus.ges. NW: Radrennen), überqueren, (ab-)ziehen
Eigenschaftswörter:	interessant, jugendlich (NW: Jugendlicher), jung (gesteigert: jüngste), nützlich
sonstige Wörter:	anders (hier: andere)

nicht im GWS enthaltene Wörter:

Text

Nützliche Medien

Du willst das Abziehen üben. Dein Lehrer gibt dir ein Lernprogramm auf einer Diskette.

Ein Jugendlicher wird beim Überqueren der Straße angefahren. Du rufst über Handy einen Arzt.

Im Radio wirst du über Krieg und Frieden in anderen Ländern informiert.

Im Fernseher kannst du ein interessantes Radrennen beobachten.

Die Geburt ihres jüngsten Kindes geben die Eltern in der Zeitung bekannt.

(62 Wörter, davon 25 GWS-Wörter oder davon abgeleitete Wörter)

Nachdenkstrategien	**orthografische Merkstellen**
lang gesprochener i-Laut ➔ *ie:* abziehen, Krieg, Frieden, informiert	*langes i, Schreibweise i:*
ä/äu ➔ *verwandtes Wort mit a:* Länder	*Wörter mit ä ohne Ableitung:*
Auslautverhärtung bei b,d,g ➔ *Verlängerung:* gibt, Jugend, wird, Krieg, Land, Rad, jüngste, Kind, Zeitung	*doppelter Vokal:*
silbentrennendes h ➔ *Verlängerung:* abziehen, Fernseher	*Dehnungs-h:* Lehrer, angefahren
Rückführung zur Grundform: willst, gibt, kannst, bekannt	*Wörter mit v/V:*
kurzer Vokal und Mitlautverdoppelung, tz, ck: nützlich, willst, Programm, Diskette, kannst, interessant, Radrennen, bekannt	*Wörter mit ß:* Straße
Nach l,n,r oder Doppellaut steht nie ck oder tz: Arzt	*ks-Laut bzw. z-Laut ts geschrieben:*
Wortbausteine:	*besondere Wörter:* Medien, Programm, Diskette, Handy, informiert, interessant *Großschreibung von ZW nach Artikel/beim*

79

Lückentext zum Andiktieren der Wörter zum Grundwortschatz

[_____] [_____]

Du willst das [_____] üben. Dein [_____] gibt dir ein Lern-[_____] auf einer [_____]. Ein [_____] wird beim [_____] der [_____] angefahren. Du rufst über [_____] einen [_____]. Im [_____] wirst du über [_____] und [_____] in [_____] [_____] [_____]. Im [_____] kannst du ein [_____] [_____] [_____]. Die [_____] ihres [_____] Kindes geben die Eltern in der [_____] [_____].

Lückentext zum Üben (Lückenwörter als Purzelwörter)

[_____] (cehilNtüz) [_____] (deeiMn)

Du willst das [_____] (Abeehinz) üben. Dein [_____] (eehLrr) gibt dir ein Lern-[_____] (agmmoprr) auf einer [_____] (Deeikstt). Ein [_____] (cdeeghiJlnru) wird beim [_____] (beeenqrrÜu) der [_____] (aerSßt) angefahren. Du rufst über [_____] (adHny) einen [_____] (Artz). Im [_____] (adioR) wirst du über [_____] (egiKr) und [_____] (deeFinr) in [_____] (adeennr) [_____] (ädeLnnr) [_____] (efiimnorrt). Im [_____] (eeeFhnrrs) kannst du ein [_____] (aeeeinnrssstt) [_____] (adeennnRr) [_____] (abbceehnot). Die [_____] (beGrtu) ihres [_____] (egjnnstü) Kindes geben die Eltern in der [_____] (egintuZ) [_____] (abeknnt).

80

Thematik	Wünsche und Bedürfnisse - Werbung

GWS-Wortschatz

Namenwörter: Bahn, Druck (ZW: aufdrucken), Fernseher, Gebäude, Höhe (ZW: erhöhen), Lied, Radio, Spaß (EW: spaßig), Straße, Taxi, Text, Verpackung, Zeitung

Zeitwörter: beobachten, drücken, entdecken, leuchten

Eigenschaftswörter: ähnlich, fröhlich, glücklich, jung, nah (hier: beinahe)

sonstige Wörter: entgegen, häufig

nicht im GWS enthaltene Wörter: Erfolg, Mensch, Schrift, springen, Werbung, Wirkung

Text

Werbung

Werbung springt dir beinahe überall entgegen: in Zeitung, Radio und Fernseher, aber auch auf der Straße. Du entdeckst sie aufgedruckt auf Taxis und Straßenbahn oder in leuchtender Schrift an Gebäuden.
Um den Erfolg von Werbung zu erhöhen, kannst du dort häufig glückliche, junge Menschen beobachten. Eine ähnliche Wirkung haben spaßige Texte und fröhliche Lieder oder eine bunte Verpackung.

(59 Wörter, davon 24 GWS-Wörter oder davon abgeleitete Wörter)

Nachdenkstrategien

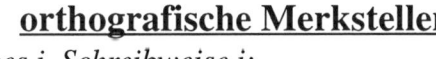

lang gesprochener i-Laut ➜ *ie:*
sie, Lied
ä/äu ➜ *verwandtes Wort mit a:*
Gebäude, häufig, ähnlich
Auslautverhärtung bei b,d,g ➜ *Verlängerung:*
springt, Erfolg, häufig, jung, spaßig, Lied
silbentrennendes h ➜ *Verlängerung:*
beinahe, Fernseher, erhöhen
Rückführung zur Grundform:
springt, entdeckst, aufgedruckt, leuchtend, kannst
kurzer Vokal und Mitlautverdoppelung, tz, ck:
überall, entdeckst, aufgedruckt, kannst, glücklich, Verpackung
Nach l,n,r oder Doppellaut steht nie ck oder tz:
Wirkung
Wortbausteine:Nachsilbe -ung (NW, Auslautverh.):
Werbung, Zeitung, Wirkung, Verpackung

orthografische Merkstellen

langes i, Schreibweise i:

Wörter mit ä ohne Ableitung:

doppelter Vokal:

Dehnungs-h:
Straßenbahn, ähnlich, fröhlich
Wörter mit v/V:
Verpackung
Wörter mit ß:
Straße, spaßig
ks-Laut bzw. z-Laut ts geschrieben:
Taxi, Text
besondere Wörter:

Lückentext zum Andiktieren der Wörter zum Grundwortschatz

Werbung

Werbung springt dir _____ überall _____: in _____, _____ und _____, aber auch auf der _____. Du _____ sie _____ auf _____ und _____ oder in _____ Schrift an _____.
Um den Erfolg von Werbung zu _____, kannst du dort _____ _____, _____ Menschen _____. Eine _____ Wirkung haben _____ _____ und _____ _____ oder eine bun- te _____.

Lückentext zum Üben (Lückenwörter als Purzelwörter)

Werbung

Werbung springt dir _____ (abeehin) überall _____ (eeeggnnt): in _____ (egintuZ), _____ (adioR) und _____ (eeeFhnrrs), aber auch auf der _____ (aerSßt). Du _____ (cdeeknstt) sie _____ (acdefgkrtuu) auf _____ (aisTx) und _____ (aabehnnrSßt) oder in _____ (cdeeehlnrtu) Schrift an _____ (äbdeeGnu).
Um den Erfolg von Werbung zu _____ (eehhnör) , kannst du dort _____ (äfghiu) _____ (cceghikllü), _____ (egjnu) Menschen _____ (abbceehnot). Eine _____ (äcehhiln) Wirkung haben _____ (aegipsß) _____ (eeTtx) und _____ (cefhhilör) _____ (deeiLr) oder eine bunte _____ (acegknpruV).

82

Thematik	*Mein Körper - Wohlbefinden*

GWS-Wortschatz

Namenwörter: Durst, Mittag (hier: mittags), Nahrung, Natur, Süßigkeit, Stück

Zeitwörter: beißen, fernsehen, impfen, klettern, lassen, rennen, schmecken

Eigenschaftswörter: dick, fett (hier zus.ges.: fetthaltig), frei, kräftig, lang, natürlich, richtig

sonstige Wörter: bloß, draußen, häufig, mehr (hier: vielmehr), niemals

nicht im GWS enthaltene Wörter: kauen, Mahlzeit, Mineralwasser

Text

So bleibe ich gesund

Ich sehe niemals lange fern. Vielmehr halte ich mich häufig in der freien Natur auf und renne und klettere draußen herum. Meinen Durst stille ich mit natürlichem Mineralwasser. Mittags lasse ich mir eine richtige Mahlzeit schmecken. Ich beiße kleine Stücke ab und kaue kräftig. Fetthaltige Nahrung und Süßigkeiten machen bloß dick. Ich lasse mich rechtzeitig impfen.

(60 Wörter, davon 25 GWS-Wörter oder davon abgeleitete Wörter)

Nachdenkstrategien

lang gesprochener i-Laut ➡ *ie:*
niemals, vielmehr
ä/äu ➡ *verwandtes Wort mit a:*
häufig, kräftig
Auslautverhärtung bei b,d,g ➡ *Verlängerung:*
gesund, lang, mittags, ab, Nahrung (s.a.u.)
silbentrennendes h ➡ *Verlängerung:*
sehe
Rückführung zur Grundform:

kurzer Vokal und Mitlautverdoppelung, tz, ck:
renne, klettere, stille, Mineralwasser, mittags
lasse, schmecken, Stücke, fett, dick
Nach l,n,r oder Doppellaut steht nie ck oder tz:

Wortbausteine: Nachsilbe -ig (Auslautverhärt.):
häufig, richtig, kräftig, fetthaltig, Süßigkeit, rechtzeitig

orthografische Merkstellen

langes i, Schreibweise i:

Wörter mit ä ohne Ableitung:

doppelter Vokal:

Dehnungs-h:
vielmehr, Mahlzeit, Nahrung
Wörter mit v/V:
vielmehr
Wörter mit ß:
draußen, beißen, Süßigkeiten, bloß
ks-Laut bzw. z-Laut ts geschrieben:

besondere Wörter:
zus.ges. Wörter: Mineral-wasser, Mahl-zeit, recht-zeitig

83

Lückentext zum Andiktieren der Wörter zum Grundwortschatz

So bleibe ich gesund

Ich _____ _____ _____ _____.
_____ halte ich mich _____ in der _____
_____ auf und _____ und _____
_____ herum. Meinen _____ stille ich mit
_____ Mineralwasser. _____ _____ ich
mir eine _____ Mahlzeit _____. Ich
_____ kleine _____ ab und kaue _____.
_____-haltige _____ und _____ machen
_____ _____. Ich _____ mich rechtzeitig
_____.

Lückentext zum Üben (Lückenwörter als Purzelwörter)

So bleibe ich gesund

Ich _____ (eehs) _____ (aeilmns) _____ (aegln)
_____ (fenr). _____ (eehhilmrV) halte ich mich
_____ (äfghiu) in der _____ (eefinr) _____
(aNrtu) auf und _____ (eennr) und _____ (eeeklrtt)
_____ (adenrßu) herum. Meinen _____ (Drstu) stille ich
mit _____ (acehilmnrtü) Mineralwasser. _____
(agiMstt) _____ (aelss) ich mir eine _____ (ceghiirt) Mahlzeit _____ (cceehkmns). Ich _____ (beeiß) kleine
_____ (cekStü) ab und kaue _____ (äfgikrt).
_____-haltige (eFtt) _____ (aghNnru) und
_____ (eegiiknSßtü) machen _____ (bloß)
_____ (cdik). Ich _____ (aelss) mich rechtzeitig
_____ (efimpn).

84

Thematik	*Mein Körper – Gesundheit und Krankheit*

GWS-Wortschatz

Namenwörter: Arzt, Bett, Decke, Hitze, Löffel, Ruhe

Zeitwörter: erklären, frieren, fühlen, glühen, kratzen, messen, rühren, schütteln (NW: Schüttelfrost), schwitzen, strömen, wechseln, ziehen

Eigenschaftswörter: besser, feucht, lang, trocken, vollständig, wichtig

sonstige Wörter: anders (hier: einander), draußen, häufig, hoffentlich, mehr

nicht im GWS enthaltene Wörter: bald, Fieber, Honig, zugleich

Text

Krank

Bei strömendem Regen war Susi lange draußen. Nun kratzt ihr Hals, ihr Kopf glüht. Sie schwitzt und friert zugleich. Hitze und Schüttelfrost wechseln einander ab. Susi zieht sich die Bettdecke vollständig über das Gesicht und rührt sich nicht mehr. Der Arzt misst Fieber und erklärt: „Ruhe ist wichtig. Wechsle feuchte Kleidung und ziehe trockene an. Trinke häufig eine Tasse Tee mit einem Löffel Honig. Dann wirst du dich hoffentlich bald besser fühlen."

(73 Wörter, davon 29 GWS-Wörter oder davon abgeleitete Wörter)

Nachdenkstrategien

lang gesprochener i-Laut ➜ *ie:*
friert, ziehen, Fieber

ä/äu ➜ *verwandtes Wort mit a:*
vollständig, erklärt, häufig

Auslautverhärtung bei b,d,g ➜ *Verlängerung:*
strömend, lang, Kleid, Honig, bald (s.a.u.)

silbentrennendes h ➜ *Verlängerung:*
glühen, ziehen, Ruhe

Rückführung zur Grundform:
kratzt, glüht, schwitzt, zieht, misst, erklärt

kurzer Vokal und Mitlautverdoppelung, tz, ck:
kratzt, schwitzt, Hitze, Schüttelfrost, Bettdecke, voll
misst, trocken, Tasse, Löffel, dann, hoffentlich, besser

Nach l,n,r oder Doppellaut steht nie ck oder tz:
krank, Arzt, trinken

Wortbausteine: Nachsilbe -ig (Auslautverhärt.):
vollständig, wichtig, häufig

orthografische Merkstellen

langes i, Schreibweise i bzw. ih:
ihr

Wörter mit ä ohne Ableitung:

doppelter Vokal:
Tee

Dehnungs-h:
glüht, zieht, rührt, mehr, fühlen

Wörter mit v/V:
vollständig

Wörter mit ß:
draußen

ks-Laut bzw. z-Laut ts geschrieben:
wechseln

besondere Wörter:

Lückentext zum Andiktieren der Wörter zum Grundwortschatz

Krank

Bei [＿＿＿＿＿] Regen war Susi [＿＿＿＿＿]

[＿＿＿＿＿]. Nun [＿＿＿＿＿] ihr Hals, ihr Kopf [＿＿＿＿＿].

Sie [＿＿＿＿＿] und [＿＿＿＿＿] zugleich. [＿＿＿＿＿] und

[＿＿＿＿＿]-frost [＿＿＿＿＿] [＿＿＿＿＿] ab. Susi

[＿＿＿＿＿] sich die [＿＿＿＿＿] [＿＿＿＿＿] über

das Gesicht und [＿＿＿＿＿] sich nicht [＿＿＿＿＿]. Der

[＿＿＿＿＿] [＿＿＿＿＿] Fieber und [＿＿＿＿＿]:

„[＿＿＿＿＿] ist [＿＿＿＿＿]. [＿＿＿＿＿] [＿＿＿＿＿]

Kleidung und [＿＿＿＿＿] [＿＿＿＿＿] an. Trinke

[＿＿＿＿＿] eine Tasse Tee mit einem [＿＿＿＿＿] Honig. Dann

wirst du dich [＿＿＿＿＿] bald [＿＿＿＿＿] [＿＿＿＿＿]."

Lückentext zum Üben (Lückenwörter als Purzelwörter)

Krank

Bei [＿＿＿＿＿] (deemmnörst) Regen war Susi [＿＿＿＿＿]

(aegln) [＿＿＿＿＿] (adenrßu). Nun [＿＿＿＿＿] (akrttz) ihr Hals, ihr

Kopf [＿＿＿＿＿] (ghltü). Sie [＿＿＿＿＿] (chisttwz) und

[＿＿＿＿＿] (efirrt) zugleich. [＿＿＿＿＿] (eHitz) und

[＿＿＿＿＿]-frost (cehlSttü) [＿＿＿＿＿] (ceehlnsw)

[＿＿＿＿＿] (adeeinnr) ab. Susi [＿＿＿＿＿] (ehitz) sich die

[＿＿＿＿＿] (Bcdeeektt) [＿＿＿＿＿] (ädgillnostv) über

das Gesicht und [＿＿＿＿＿] (hrrtü) sich nicht [＿＿＿＿＿] (ehmr).

Der [＿＿＿＿＿] (Artz) [＿＿＿＿＿] (imsst) Fieber und

[＿＿＿＿＿] (äeklrrt): „[＿＿＿＿＿] (ehRu) ist [＿＿＿＿＿]

(cghiitw). [＿＿＿＿＿] (ceehlsW) [＿＿＿＿＿] (ceefhtu) Kleidung

und [＿＿＿＿＿] (eehiz) [＿＿＿＿＿] (ceeknort) an. Trinke

[＿＿＿＿＿] (äfghiu) eine Tasse Tee mit einem [＿＿＿＿＿] (effLlö)

Honig. Dann wirst du dich [＿＿＿＿＿] (ceffhhilnot) bald

[＿＿＿＿＿] (beerss) [＿＿＿＿＿] (efhlnü)."

Thematik	*Mein Körper - Wohlbefinden*

GWS-Wortschatz

Namenwörter: Bett, Durst, Hunger, Lärm (ZW: lärmen), Stück, Wecker

Zeitwörter: ernähren (NW: Ernährung), fressen, frieren, führen, gießen, kämmen, kriechen, lassen, rennen, spazieren, stürmen, (an-)ziehen

Eigenschaftswörter: dick, fertig, feucht, kräftig, kühl, lang(-sam), richtig

sonstige Wörter: draußen, während

nicht im GWS enthaltene Wörter: bald, Luft, stillen

Text

Am Morgen

Wenn morgens der <u>Wecker</u> lärmt, <u>krieche</u> ich <u>langsam</u> aus meinem <u>Bett</u>. Ich wasche und <u>kämme</u> mich. Damit <u>fertig ziehe</u> ich mich <u>dick</u> an. Auch wenn es <u>gießt</u> und <u>stürmt, führe</u> ich meinen Hund <u>draußen spazieren</u>. Die <u>kühle, feuchte</u> Luft <u>lässt</u> uns bald <u>frieren</u>. Wir <u>rennen</u> ins Haus. <u>Während</u> mein Hund <u>frisst</u>, stille ich <u>Hunger</u> und <u>Durst</u> mit einem <u>kräftigen</u> Frühstück. Dabei achte ich auf die <u>richtige Ernährung</u>.

(69 Wörter, davon 27 GWS-Wörter oder davon abgeleitete Wörter)

Nachdenkstrategien

lang gesprochener i-Laut ➜ *ie:* ,
kriechen, ziehen, gießt, spazieren, frieren
ä/äu ➜ *verwandtes Wort mit a:*
lärmt (Alarm), kämme, lässt, kräftig, Ernährung
Auslautverhärtung bei b,d,g ➜ *Verlängerung:*
langsam, Hund, bald, während, Ernährung (s.u.)
silbentrennendes h ➜ *Verlängerung:*
ziehen
Rückführung zur Grundform:
lärmt, gießt, stürmt, lässt, frisst
kurzer Vokal und Mitlautverdoppelung, tz, ck:
wenn, Wecker, Bett, kämmen, dick, lässt, rennen,
frisst, stille, Frühstück
Nach l,n,r oder Doppellaut steht nie ck oder tz:

Wortbausteine: Nachsilbe -ig (Auslautverhärt.):
fertig, kräftig, richtig

orthografische Merkstellen

langes i, Schreibweise i:

Wörter mit ä ohne Ableitung:
während
doppelter Vokal:

Dehnungs-h:
führen, kühl, während, Frühstück, Ernährung
Wörter mit v/V:

Wörter mit ß:
gießt, draußen
ks-Laut bzw. z-Laut ts geschrieben:
(langsam)
besondere Wörter:
spazieren

Lückentext zum Andiktieren der Wörter zum Grundwortschatz

Am Morgen

Wenn morgens der _____ _____, _____ ich
_____ aus meinem _____. Ich wasche und
_____ mich. Damit _____ _____ ich mich
_____ an. Auch wenn es _____ und _____,
_____ ich meinen Hund _____ _____.
Die _____, _____ Luft _____ uns bald
_____. Wir _____ ins Haus. _____ mein
Hund _____, stille ich _____ und _____ mit
einem _____ _____. Dabei achte ich auf die
_____ _____.

Lückentext zum Üben (Lückenwörter als Purzelwörter)

Am Morgen

Wenn morgens der _____ (ceekrW) _____ (älmrt),
_____ (ceehikr) ich _____ (aaglmns) aus meinem
_____ (Bett). Ich wasche und _____ (äekmm) mich. Damit _____ (efgirt) _____ (eehiz) ich mich _____
(cdik) an. Auch wenn es _____ (egißt) und _____
(mrsttü), _____ (efhrü) ich meinen Hund _____ (adenrßu)
_____ (aeeinprsz). Die _____ (ehklü),
_____ (ceefhtu) Luft _____ (älsst) uns bald
_____ (eefinrr). Wir _____ (eennnr) ins Haus.
_____ (ädehnrW) mein Hund _____ (firsst), stille ich
_____ (egHnru) und _____ (Drstu) mit einem
_____ (äefgiknrt) _____ (cFhkrstüü). Dabei achte
ich auf die _____ (ceghiirt) _____ (äEghnnrru).

4. Klasse

Thematik	Nur k bzw. z nach l, n, r

GWS-Wortschatz

Namenwörter: Gott, Nässe, Pilz

Zeitwörter: ernähren, lassen, wachsen

Eigenschaftswörter: dick, kräftig

sonstige Wörter: mehr (ZW: vermehren)

nicht im GWS enthaltene Wörter: Ernte, ganz, merken, schenken, stauen, trotzdem, Wolke

Text

Erntezeit

Bauern bemerkten, dass viele Pflanzen ganz schwarz waren. Da es im Sommer aus dicken Wolken geregnet hatte, staute sich die Nässe in den Pflanzen. So konnten Pilze wachsen und sich kräftig vermehren.
Trotzdem konnten die Leute Gott beim Erntedankfest danken, dass er die Pflanzen gut wachsen ließ. So schenkte er uns Gemüse und Früchte, wovon wir uns ernähren.

(59 Wörter, davon 9 GWS-Wörter oder davon abgeleitete Wörter
und 9 Wörter zur Nachdenkstrategie k bzw. z)

Nachdenkstrategien

Nach l, n, r das merke ja,
steht nie tz und nie ck:
bemerken, Pflanzen, ganz, schwarz,
Wolke, Pilze, Erntedank, danken,
schenken

lang gesprochener i-Laut ➜ *ie:* viel
ä/äu ➜ *verwandtes Wort mit a:*
Nässe, kräftig, ernähren
Auslautverhärtung bei b,d,g ➜ *Verlängerung:*
kräftig
Rückführung zur Grundform:
bemerkten, konnten, schenkte
kurzer Vokal und Mitlautverdoppelung, tz, ck:
dass, Sommer, dick, hatte, Nässe, konnten,
trotzdem, Gott
Wortbausteine: Vorsilbe ver-: vermehren

orthografische Merkstellen

Dehnungs-h:
vermehren, ernähren
Wörter mit v/V:
viele, vermehren, wovon
Wörter mit ß:
ließ
ks-Laut:
wachsen

Bezug zum Skript: Deutsch kompakt 4:
4/II/S.23-38

Lückentext zum Andiktieren der Grundwortschatzwörter sowie der Wörter zum behandelten Rechtschreibfall

Erntezeit

Bauern _____ , dass viele _____ _____

_____ waren. Da es im Sommer aus _____

_____ geregnet hatte, staute sich die _____ in den

_____ . So konnten _____ _____ und sich

_____ _____ .

Trotzdem konnten die Leute _____ beim _____

_____ , dass er die _____ gut _____

_____ . So _____ er uns Gemüse und Früchte, wovon wir

uns _____ .

Lückentext zum Üben (Lückenwörter als Purzelwörter)

Erntezeit

Bauern _____ (beeekmnrt) , dass viele _____

(aeflnnPz) _____ (agnz) _____ (achrswz) waren. Da es im

Sommer aus _____ (cdeikn) _____ (eklnoW) geregnet

hatte, staute sich die _____ (äeNss) in den _____

(aeflnnPz) . So konnten _____ (eilPz) _____ (acehnsw) und

sich _____ (äfgikrt) _____ (eeehmnrrv) .

Trotzdem konnten die Leute _____ (Gott) beim

_____ (adEeefknnrstt) _____ (adeknn) , dass

er die _____ (aeflnnPz) gut _____ (acehnsw)

_____ (eilß) . So _____ (ceehknst) er uns Gemüse und

Früchte, wovon wir uns _____ (äeehnnrr) .

Thematik	*Sonderfälle der Verdoppelung (z-tz, k-ck)*

GWS-Wortschatz

Namenwörter:	Druck, Flüssigkeit, Hitze, Nässe, Pilz, Schutz, Spitze, Stück (ZW: bestücken)
Zeitwörter:	nützen, schützen
Eigenschaftswörter:	kräftig, stark
sonstige Wörter:	bisschen, zurück
nicht im GWS enthaltene Wörter:	bemerken, Flasche, ganz, herzlich, Mittel, schenken, spritzen

Text

Pflanzenschutz

Herr Huber will im März seinen Garten ganz mit neuen kräftigen Pflanzen bestücken. Der Fachmann schenkt ihm ein Spritzmittel zum Schutz gegen Pilze. Es soll bei Hitze und starker Nässe nützen und die Pflanzen davor schützen schwarz zu werden. Der Fachmann bemerkt, dass man zum Spritzen nur die Spitze der Flasche zurückschneiden muss. Mit ein bisschen Druck spritzt man die Flüssigkeit auf die Pflanzen. Herr Huber bedankt sich herzlich.

(70 Wörter, davon 14 GWS-Wörter oder davon abgeleitete Wörter und 19 Wörter mit z-tz bzw. k-ck)

Nachdenkstrategien

kurzer Vokal → tz,ck:
Schutz, bestücken, spritzen, Hitze, nützen, schützen, Spitze, zurück, Druck
Nach l, n, r das merke ja,
steht nie tz und nie ck:
März, ganz, Pflanze, schenken, Pilz, stark, schwarz, bemerken, bedanken, herzlich

kurzer Vokal und Mitlautverdoppelung:
will, Fachmann, Spritzmittel, soll, Nässe, dass, muss, bisschen, Flüssigkeit
ä/äu → verwandtes Wort mit a:
kräftig, Nässe
Auslautverhärtung bei b,d,g → Verlängerung:
kräftig, Flüssigkeit
Rückführung zur Grundform: will, schenkt, soll, bemerkt, muss, spritzt, bedankt

orthografische Merkstellen

langes i, Schreibweise ih:
ihm

Wörter mit v/V:
davor

Besonderheit Großschreibung nach zum:
zum Spritzen

Wörter mit ä ohne Ableitung:
März

Bezug zum Skript: Deutsch kompakt 4:
4/II/S.31-38

Lückentext zum Andiktieren der Grundwortschatzwörter sowie der Wörter zum behandelten Rechtschreibfall

_____

Herr Huber will im _____ seinen Garten _____ mit neuen

_____ _____ _____. Der Fach-

mann _____ ihm ein _____ zum

_____ gegen _____. Es soll bei _____ und

_____ _____ _____ und die _____

davor _____ _____ zu werden. Der Fachmann

_____, dass man zum _____ nur die _____

der Flasche _____ muss. Mit ein _____

_____ _____ man die _____ auf die

_____. Herr Huber _____ sich _____.

Lückentext zum Üben (Lückenwörter als Purzelwörter)

_____ (acefhlnnPstuzz)

Herr Huber will im _____ (äMrz) seinen Garten _____ (agnz) mit

neuen _____ (äefgiknrt) _____ (aeflnnPz)

_____ (bceeknstü) . Der Fachmann _____

(cehknst) ihm ein _____ (eiilmprStttz) zum

_____ (chStuz) gegen _____ (eilPz) . Es soll bei

_____ (eHitz) und _____ (aekrrst) _____ (äeNss)

_____ (enntüz) und die _____ (aeflnnPz) davor

_____ (cehnstüz) _____ (achrswz) zu werden. Der

Fachmann _____ (beekmrt) , dass man zum _____

(einprStz) nur die _____ (eipStz) der Flasche

_____ (ccdeehiknnrsuüz) muss. Mit ein

_____ (bechinss) _____ (cDkru) _____ (iprsttz)

man die _____ (eFgiiklsstü) auf die _____

(aeflnnPz) . Herr Huber _____ (abdeknt) sich _____

(cehhilrz) .

94

Thematik	Der s-Laut

GWS-Wortschatz

Namenwörter: Bahn, Interesse, Quelle, Spaß. Straße, Strauß

Zeitwörter: fließen (hier: fließendes), fressen, gießen, interessieren, reißen, (ver-)schließen, vergessen, weiß, wissen

Eigenschaftswörter: besser, fleißig, frei, klar, wild

sonstige Wörter: außen, bisschen, draußen, niemals

nicht im GWS enthaltene Wörter: Bescheid, Beute, dreißig, Farm, Gatter, kümmern, Schüssel, sehr, stets, verschieden

Text

Interesse für Tiere

Jessica, deren Eltern eine Straußenfarm besitzen, interessiert sich sehr für wilde Tiere. Von dreißig verschiedenen Wildkatzen weiß sie, wie sie heißen, was sie fressen und wie sie ihre Beute draußen in freier Wildbahn reißen. Es macht ihr Spaß, sogar ein bisschen besser als ihr Vater Bescheid zu wissen. Fleißig kümmert sich Jessica aber auch um die Strauße. Sie gießt stets klares, aus einer Quelle fließendes Wasser in ihre Schüsseln und vergisst niemals das Gatter zur Straße von außen zu verschließen.

(83 Wörter, davon 24 GWS-Wörter oder davon abgeleitete Wörter
und 23 Wörter zur Nachdenkstrategie ss / ß)

Nachdenkstrategien	orthografische Merkstellen
Vor ss steht ein kurzer Selbstlaut, Interesse, Jessica, interessiert, fressen, bisschen, besser, wissen, Wasser, Schüssel vergisst	*vor ß ein langer Selbstlaut oder Doppellaut:* Strauß, dreißig, weiß, heißen, draußen, reißen, Spaß, fleißig, gießt, fließendes, Straße, außen, verschließen
lang gesprochener i-Laut ➡ *ie:* Tiere, interessiert, verschieden, sie, wie, gießt, fließend, niemals, verschließen *Auslautverhärtung bei b,d,g* ➡ *Verlängerung:* wild, dreißig, Bescheid, fleißig, fließend *Rückführung zur Grundform:* interessiert, vergisst *kurzer Vokal, Mitlautverdopp.(ohne ss), tz, ck:* besitzen, Wildkatze, kümmert, Quelle, Gatter *Wortbausteine: Vorsilbe ver-:* verschieden, vergisst, verschließen	*langes i, Schreibweise ih:* ihr *Dehnungs-h:* Wildbahn *Wörter mit v/V:* von, verschieden, Vater, vergisst, verschließen *besondere Wörter / qu-Laut:* Interesse, interessiert, Quelle
	Bezug zum Skript: Deutsch kompakt 4: 4/II/S.65-72

Lückentext zum Andiktieren der Grundwortschatzwörter sowie der Wörter zum behandelten Rechtschreibfall

_____ **für Tiere**

Jessica, deren Eltern eine _____-farm besitzen, _____ sich sehr für _____ Tiere. Von _____ verschiedenen _____-katzen _____ sie, wie sie _____, was sie _____ und wie sie ihre Beute _____ in _____ _____ _____. Es macht ihr _____, sogar ein _____ _____ als ihr Vater Bescheid zu _____. _____ kümmert sich Jessica aber auch um die _____. Sie _____ stets _____, aus einer _____ _____ _____ in ihre _____ und _____ _____ das Gatter zur _____ von _____ zu _____.

Lückentext zum Üben (Lückenwörter als Purzelwörter)

_____ (eeelnrsst) **für Tiere**

Jessica, deren Eltern eine _____-farm (aenrSßtu) besitzen, _____ (eeeiinrrsstt) sich sehr für _____ (deilw) Tiere. Von _____ (degiirß) verschiedenen _____-katzen (dilW) _____ (eißw) sie, wie sie _____ (eehinß), was sie _____ (eefnrss) und wie sie ihre Beute _____ (adenrßu) in _____ (eefirr) _____ (abdhilnW) _____ (eeinrß). Es macht ihr _____ (apSß), sogar ein _____ (bcehinss) _____ (beerss) als ihr Vater Bescheid zu _____ (einssw). _____ (eFgiilß) kümmert sich Jessica aber auch um die _____ (aerSßtu). Sie _____ (egißt) stets _____ (aeklrs), aus einer _____ (eelluQ) _____ (deeefilnsß) _____ (aerssW) in ihre _____ (cehlnSssü) und _____ (egirsstv) _____ (aeilmns) das Gatter zur _____ (aerSßt) von _____ (aenßu) zu _____ (ceeehilnrsßv).

96

Thematik	Wörter mit Dehnungs - h

GWS-Wortschatz

Namenwörter: Höhe, Höhle, Lohn, Stuhl

Zeitwörter: bohren, fühlen, führen (NW: Führer), geschehen, glühen (hier: glühend), (be-)rühren, umkehren, wachsen

Eigenschaftswörter: fröhlich, gefährlich, kühl (NW: Kühle), nah, natürlich, ruhig

sonstige Wörter: niemand, ohne, schließlich

nicht im GWS enthaltene Wörter: besichtigen, betrachten, dürfen, fest, folgen, früher, Kohle, manchmal, tropfen, wäre

Text

In der Tropfsteinhöhle

Wir saßen wie auf glühenden Kohlen. Heute durften wir eine Tropfsteinhöhle besichtigen. Fröhlich folgten wir unserem Führer in den dunklen Gang, den das Wasser früher gebohrt hatte. Schon fühlten wir die Kühle der Höhle. Ohne unsere festen Schuhe wäre es manchmal gefährlich gewesen. Ruhig betrachteten wir die Tropfsteine nah vor uns, wie sie in die Höhe gewachsen waren. Einer sah wie ein Stuhl aus. Natürlich berührte sie niemand, damit nichts mit ihnen geschah. Schließlich mussten wir umkehren. Unserem Führer gaben wir einen kleinen Lohn.

(87 Wörter, davon 21 GWS-Wörter oder davon abgeleitete Wörter
und 22 Wörter mit silbentrennendem h bzw. Dehnungs-h)

Nachdenkstrategien	orthografische Merkstellen
silbentrennendes h ➡ *Verlängerung:* glühend, früher, Schuhe, ruhig, Höhe nah (nahe), sah (sehen), geschah (geschehen)	*Dehnungs-h:* Höhle, Kohlen, fröhlich, Führer, gebohrt, fühlten, Kühle, ohne, gefährlich, Stuhl, ihnen, berührte, umkehren, Lohn
lang gesprochener i-Laut ➡ *ie:* wie, niemand, schließlich	*langes i, Schreibweise ih:* ihnen
ä/äu ➡ *verwandtes Wort mit a:* wäre, gefährlich	*ks-Laut bzw. z-Laut ts geschrieben:* gewachsen // nichts
Auslautverhärtung bei b,d,g ➡ *Verlängerung:* glühend, folgten, Gang, ruhig, niemand	*Wörter mit v/V:* vor
Rückführung zur Grundform: folgten, sah, geschah, mussten	*Wörter mit ß:* saßen, schließlich
kurzer Vokal und Mitlautverdoppelung, tz, ck: Wasser, hatte, mussten	
Nach l, n, r steht nie ck oder tz: dunklen	**Bezug zum Skript: Deutsch kompakt 4:** 4/II/S.45-48

Lückentext zum Andiktieren der Grundwortschatzwörter sowie der Wörter zum behandelten Rechtschreibfall

In der Tropfstein- _____

Wir saßen wie auf _____ _____. Heute durften

wir eine Tropfstein- _____ besichtigen. _____ folgten wir

unserem _____ in den dunklen Gang, den das Wasser

_____ _____ hatte. Schon _____ wir die

_____ der _____. _____ unsere festen _____

wäre es manchmal _____ gewesen. _____ betrach-

teten wir die Tropfsteine _____ vor uns, wie sie in die _____

_____ waren. Einer _____ wie ein _____ aus.

_____ _____ sie _____, damit nichts

mit _____ _____. _____ mussten wir

_____. Unserem _____ gaben wir einen kleinen

_____.

Lückentext zum Üben (Lückenwörter als Purzelwörter)

In der Tropfstein- _____ (ehhlö)

Wir saßen wie auf _____ (deeghlnnü) _____

(ehKlno) . Heute durften wir eine Tropfstein- _____ (ehhlö) besichti-

gen. _____ (cFhhilör) folgten wir unserem _____ (eFhrrü)

in den dunklen Gang, den das Wasser _____ (efhrrü)

_____ (beghort) hatte. Schon _____ (efhlntü) wir die

_____ (ehKlü) der _____ (eHhlö) . _____ (ehnO) unsere

festen _____ (cehhSu) wäre es manchmal _____

(äcefghhilr) gewesen. _____ (ghiRu) betrachteten wir die Tropfsteine

_____ (ahn) vor uns, wie sie in die _____ (eHhö)

_____ (aceeghnsw) waren. Einer _____ (ahs) wie ein

_____ (hlStu) aus. _____ (achilNrtü) _____

(beehrrtü) sie _____ (adeimnn) , damit nichts mit _____

(ehinn) _____ (aceghhs) . _____ (ccehhiillSß)

mussten wir _____ (eehkmnru) . Unserem _____

(eFhrrü) gaben wir einen kleinen _____ (hLno) .

98

Thematik	*Bezeichnete Dehnung - ie*

GWS-Wortschatz

Namenwörter:	Beispiel, Frieden, Kiefer, (Klein-)Krieg, Land, Lied, Miete (hier: Mieter), Spaziergang (hier: Spaziergänger), Stiel, Streit, Ziel
Zeitwörter:	biegen, empfinden, frieren, (ab-)reißen, (hinaus-)schießen, schimpfen, ziehen
Eigenschaftswörter:	richtig, schwierig
sonstige Wörter:	niemand

nicht im GWS enthaltene Wörter: beschweren, herrschen, kapieren, Menschen, Nachbar, Zweig

Text

Streit unter Menschen

Obwohl in unserem <u>Land</u> <u>Frieden</u> herrscht, tragen viele Menschen einen <u>Kleinkrieg</u> untereinander aus. Ein <u>Mieter</u> beschwert sich, weil es in seiner Wohnung <u>zieht</u> und er <u>friert</u>. <u>Schwierig</u> wird es auch, wenn sich Zweige von Bäumen, zum <u>Beispiel</u> einer <u>Kiefer</u>, zum Nachbarn <u>biegen</u>. Ein <u>Spaziergänger</u> schimpft, weil Kinder im Spiel den Ball über das <u>Ziel</u> <u>hinausschießen</u> oder Blumenstiele <u>abreißen</u>. <u>Niemand</u> wird <u>richtig</u> kapieren, dass manche auch <u>Lieder</u> störend <u>empfinden</u>.

(71 Wörter, davon 21 GWS-Wörter oder davon abgeleitete Wörter
und 18 Wörter mit ie)

Nachdenkstrategien

lang gesprochener i-Laut ➜ ie:
Frieden, viele, Kleinkrieg, Mieter, zieht, friert, schwierig, Beispiel, Kiefer, biegen, Spaziergänger, Spiel, Ziel, hinausschießen, Blumenstiel, niemand, kapieren, Lieder

silbentrennendes h ➜ Verlängerung:
zieht (ziehen)
Auslautverhärtung bei b,d,g ➜ Verlängerung:
Land, Krieg, Wohnung, schwierig, wird, Spaziergang, Kind, niemand, richtig, Lied, störend
Rückführung zur Grundform:
beschwert, zieht, friert, wird, schimpft
kurzer Vokal und Mitlautverdoppelung, tz, ck:
herrscht, wenn, Ball, dass
ä/äu ➜ verwandtes Wort mit a:
Bäume, Spaziergänger

orthografische Merkstellen

Dehnungs-h:
obwohl, Wohnung
Wörter mit v/V:
viele
Wörter mit ß:
hinausschießen, abreißen
besondere Wörter:
Spaziergänger, kapieren

Bezug zum Skript: Deutsch kompakt 4:

4/II/S.55-58

Lückentext zum Andiktieren der Grundwortschatzwörter sowie der Wörter zum behandelten Rechtschreibfall

_____ **unter Menschen**

Obwohl in unserem _____ _____ herrscht, tragen _____

Menschen einen Klein- _____ untereinander aus. Ein

_____ beschwert sich, weil es in seiner Wohnung _____

und er _____. _____ wird es auch, wenn sich Zwei-

ge von Bäumen, zum _____ einer _____, zum

Nachbarn _____. Ein _____

_____, weil Kinder im _____ den Ball über das _____

_____ oder Blumen-_____

_____. _____ wird _____

_____, dass manche auch _____ störend

_____.

Lückentext zum Üben (Lückenwörter als Purzelwörter)

_____ (eirStt) **unter Menschen**

Obwohl in unserem _____ (adLn) _____ (deeFinr) herrscht,

tragen _____ (eeilv) Menschen einen Klein- _____ (egikr) unter-

einander aus. Ein _____ (eeiMrt) beschwert sich, weil es in sei-

ner Wohnung _____ (ehitz) und er _____ (efirrt) .

_____ (ceghiirSw) wird es auch, wenn sich Zweige von Bäu-

men, zum _____ (Beeiilps) einer _____ (eefiKr) , zum

Nachbarn _____ (beegin) . Ein _____

(aäeegginprrSz) _____ (cfhimpst) , weil Kinder im _____

(eilpS) den Ball über das _____ (eilZ) _____

(aceehhiinnssßu) oder Blumen-_____ (eeilst) _____

(abeeinrß) . _____ (adeimNn) wird _____ (cghiirt)

_____ (aeeiknpr) , dass manche auch _____ (deeiLr)

störend _____ (deefimnnp) .

Thematik	*Gleichklingende Selbst- und Doppellaute*

GWS-Wortschatz

Namenwörter:	Europa, Flugzeug, Gebäude, Gewinn, Kreuz, Lärm, Maschine, Päckchen, Rätsel, Träne, Traum
Zeitwörter:	gewinnen, leuchten, träumen
Eigenschaftswörter:	deutlich (ZW: deuten), deutsch, feucht
	spät (hier: später)
sonstige Wörter:	

nicht im GWS enthaltene Wörter: Bär, glauben, meinen, Säugling, täuschen, Wange

Text

Ein Traumgewinn

Lisas Äuglein leuchten. In einem Kreuzworträtsel über Europa und den Euro hat sie gewonnen. Sie glaubt zu träumen, doch sie täuscht sich nicht. Mit ihrem Spielzeugbären sitzt sie in einem deutschen Flugzeug, hält ein Getränk in Händen und hört den Lärm der Maschinen. Vor Freude sind ihre Augen feucht und eine Träne läuft ihr über die Wange. Später deutet sie nach unten und meint: „Die Gebäude sehen wie Päckchen und die Leute wie Säuglinge aus."

(77 Wörter, davon 18 GWS-Wörter oder davon abgeleitete Wörter
und 25 Wörter mit ä bzw. äu/eu; Nachdenkstrategie verwandtes Wort mit a bzw. au)

Nachdenkstrategien	orthografische Merkstellen
Gleichklingende Selbst- und Doppellaute *ä/äu* ➜ *verwandtes Wort mit a:* Äuglein, Rätsel, träumen, täuschen, hält, Getränk (trank), Hände, Lärm (Alarm), läuft, später (evtl.: bayr. „spat"), Gebäude, Päckchen, Säuglinge *Mitsprechwörter mit eu:* leuchten, Kreuz, Europa, Euro, Spielzeug, deutsch, Flugzeug, feucht, deutet, Leute	*Wörter mit ä ohne Ableitung:* Bär, Träne (evtl.: „Trantüte")
lang gesprochener i-Laut ➜ *ie:* Spielzeug, wie *Auslautverhärtung bei b,d,g* ➜ *Verlängerung:* glaubt, Spielzeug, Flugzeug, Säugling *Rückführung zur Grundform:* glaubt, sitzt, hält, hört, läuft *kurzer Vokal und Mitlautverdoppelung, tz, ck:* Gewinn, gewonnen, sitzt, Päckchen *Nach eu bzw. l,n,r* ➜ *nie tz/ck:* Getränk, Kreuz	*langes i* ➜ *i oder ih:* Lisa, Maschine, ihr *Wörter mit v/V:* vor *ks-Laut bzw. z-Laut ts geschrieben:* Rätsel
	Bezug zum Skript: Deutsch kompakt 4: 4/II/S.85-90

Lückentext zum Andiktieren der Grundwortschatzwörter sowie der Wörter zum behandelten Rechtschreibfall

Ein _____

Lisas _____ _____. In einem

_____ über _____ und den

_____ hat sie _____. Sie glaubt zu _____,

doch sie _____ sich nicht. Mit ihrem Spiel-

_____ sitzt sie in einem _____

_____, _____ ein _____ in _____

und hört den _____ der _____. Vor _____

sind ihre Augen _____ und eine _____ _____ ihr

über die Wange. _____ _____ sie nach unten und

meint: „Die _____ sehen wie _____ und die

_____ wie _____ aus."

Lückentext zum Üben (Lückenwörter als Purzelwörter)

Ein _____ (aegimnnrTuw)

Lisas _____ (Äegilnu) _____ (ceehlntu) . In einem

_____ (äeeKlorrrsttuwz) über _____

(aEopru) und den _____ (Eoru) hat sie _____ (eegnnnow) .

Sie glaubt zu _____ (äemnrtu) , doch sie _____

(ächsttu) sich nicht. Mit ihrem Spiel-_____ (äbeegnruz)

sitzt sie in einem _____ (cdeehnstu) _____

(eFgglluuz) , _____ (ählt) ein _____ (äeGknrt) in

_____ (ädeHnn) und hört den _____ (äLmr) der

_____ (acehiMnns) . Vor _____ (deeFru) sind ihre Au-

gen _____ (cefhtu) und eine _____ (äenrT) _____

(äfltu) ihr über die Wange. _____ (äeprSt) _____ (deettu)

sie nach unten und meint: „Die _____ (äbdeeGu) sehen wie

_____ (äccehknP) und die _____ (eeLtu) wie

_____ (äeggilnSu) aus."

102

Thematik	**ks – Laut (Wörter mit x bzw. chs)**

GWS-Wortschatz

Namenwörter: Beispiel, Fuchs, Lied, Taxi, Text

Zeitwörter: boxen, wachsen, (ver-)wechseln

Eigenschaftswörter:

sonstige Wörter: hoffentlich

nicht im GWS enthaltene Wörter: Dornröschen, Farmer Joe, Gans, Hecke, Känguru, ko, stehlen

Text

Kinderlieder

Trixi hat Lieder gelernt, zum Beispiel: „Hallo, Taxi Maxi", „Fuchs, du hast die Gans gestohlen" oder „Morgens früh um sechs kommt die kleine Hex' ". Bei Dornröschen „da wuchs die Hecke riesengroß" und „das Känguru" boxt Farmer Joe ko. Hoffentlich verwechselt Trixi die Texte nicht.

(45 Wörter, davon 9 GWS-Wörter oder davon abgeleitete Wörter und 10 Wörter mit dem ks-Laut)

Anm.: Die Lieder finden sich z.B. in
„Der kleine Singvogel", Ansbacher Verlagsgesellschaft Schulbuch KG 1982, „Dornröschchen" S.125;
„Kolibri", Schroedel Verlag 2001, „Morgens früh um sechs" S. 10, „Das Känguru" S.110,
„Taxi Maxi" S.134

Nachdenkstrategien

lang gesprochener i-Laut ➜ *ie:*
Lied, Beispiel, riesengroß

ä/äu ➜ *verwandtes Wort mit a:*

Auslautverhärtung bei b,d,g ➜ *Verlängerung:*
Kind, Lied
Rückführung zur Grundform:
kommt
kurzer Vokal und Mitlautverdoppelung, tz, ck:
hallo, Hecke, hoffentlich

orthografische Merkstellen

ks-Laut:
Trixi, Taxi, Maxi, Fuchs, sechs, Hexe, wuchs, boxt, verwechselt, Text

Wörter mit ä ohne Ableitung:
Känguru
Wörter mit v/V:
verwechselt
Dehnungs-h:
gestohlen
Wörter mit ß:
riesengroß
besondere Wörter:
Känguru

Bezug zum Skript: Deutsch kompakt 4:

4/II/S.101/102

Lückentext zum Andiktieren der Grundwortschatzwörter sowie der Wörter zum behandelten Rechtschreibfall

Kinder-_____

_____ hat _____ gelernt, zum _____: „Hallo, _____ _____ ", „_____, du hast die Gans gestohlen" oder „Morgens früh um _____ kommt die kleine _____ ". Bei Dornröschen „da _____ die Hecke riesengroß" und „das Känguru" _____ Farmer Joe ko. _____
_____ _____ die _____ nicht.

Lückentext zum Üben (Lückenwörter als Purzelwörter)

Kinder-_____ (deeilr)

_____ (iirTx) hat _____ (deeiLr) gelernt, zum _____ (Beeiilps) : „Hallo, _____ (aiTx) _____ (aiMx)", „_____ (cFhsu) , du hast die Gans gestohlen" oder „Morgens früh um _____ (cehss) kommt die kleine _____ (eHx') ". Bei Dornröschen „da _____ (chsuw) die Hecke riesengroß" und „das Känguru" _____ (botx) Farmer Joe ko. _____ (ceffHhilnot)
_____ (ceeehlrstvw) _____ (iirTx) die _____ (eeTtx) nicht.

104

Thematik	*Wörter mit v, c, ch und qu*

GWS-Wortschatz

Namenwörter: Christ(-baum), Clown, Programm, Quelle, Text, Vase

Zeitwörter: beißen (NW: Bissen, zusges. NW: Leckerbissen), interessieren, quälen, überqueren (hier: quer)

Eigenschaftswörter: bequem, voll

sonstige Wörter: vielleicht

nicht im GWS enthaltene Wörter: erforschen, Frosch, Futter, Geschenk, Geschichte, lecker, Pullover, viel

Text

Weihnachtsgeschenke

Auch dieses Fest liegen wieder viele Geschenke unter dem Christbaum. Vater, der sich sehr für Geschichte interessiert, kann mit dem neuen Computerprogramm vielleicht neue geschichtliche Quellentexte erforschen. Mutter freut sich über eine Vase voll Blumen und einen bequemen Pullover. Die Kinder lachen über einen Clown, der wie ein Frosch quaken und quer durch das Zimmer Räder schlagen kann. Damit sich die Vögel im Schnee nicht mit der Futtersuche quälen müssen, sind auch für sie vier Leckerbissen dabei.

(78 Wörter, davon 13 GWS-Wörter oder davon abgeleitete Wörter
und 16 Wörter mit c, ch, qu bzw. v)

Nachdenkstrategien

lang gesprochener i-Laut ➡ *ie:*
dieses, liegen, wieder, viele, interessiert, vielleicht, wie, vier
ä/äu ➡ *verwandtes Wort mit a:*
Räder, quälen
Auslautverhärtung bei b,d,g ➡ *Verlängerung:*
Rad, sind
Rückführung zur Grundform:
kann
kurzer Vokal und Mitlautverdoppelung, tz,ck:
interessiert, kann, Programm, Quelle, voll, Pullover, Zimmer, müssen, Leckerbissen
Nach langem Selbstlaut bzw. l,n,r ➡ *nie tz/ck:*
Geschenk, quaken

orthografische Merkstellen

Besondere Wörter mit c, ch, qu, v:
viel, Christbaum, Vater, Computer, vielleicht, Quelle, Vase, voll, bequem, Pullover, Clown, quaken, quer, Vögel, quälen, vier

Weitere besondere Wörter:
interessiert, Programm

doppelter Vokal:
Schnee
Dehnungs-h:
Weihnachtsgeschenk
ks-Laut bzw. z-Laut ts geschrieben:
Text // Weihnachtsgeschenk

Bezug zum Skript: Deutsch kompakt 4:
4/II/S.97/98 und 105/106

Lückentext zum Andiktieren der Grundwortschatzwörter sowie der Wörter zum behandelten Rechtschreibfall

Weihnachtsgeschenke

Auch dieses Fest liegen wieder _____ Geschenke unter dem _____ - baum. _____, der sich sehr für Geschichte _____, kann mit dem neuen _____- _____ _____ neue geschichtliche _____ erforschen. Mutter freut sich über eine _____ _____ Blumen und einen _____ _____. Die Kinder lachen über einen _____, der wie ein Frosch _____ und _____ durch das Zimmer Räder schlagen kann. Damit sich die _____ im Schnee nicht mit der Futtersuche _____ müssen, sind auch für sie _____ _____ dabei.

Lückentext zum Üben (Lückenwörter als Purzelwörter)

Weihnachtsgeschenke

Auch dieses Fest liegen wieder _____ (eeilv) Geschenke unter dem _____- baum (Chirst) . _____(aertV) , der sich sehr für Geschichte _____ (eeeiinrrsstt) , kann mit dem neuen _____ (aCegmmmppoorrrtu) _____ (ceehiilltv) neue geschichtliche _____ (eeeellnQttux) erforschen. Mutter freut sich über eine _____ (aesV) _____ (llov) Blumen und einen _____ (beeemnqu) _____ (elloPruv) . Die Kinder lachen über einen _____ (Clonw) , der wie ein Frosch _____ (aeknqu) und _____ (eqru) durch das Zimmer Räder schlagen kann. Damit sich die _____ (eglöV) im Schnee nicht mit der Futtersuche _____ (äelnqu) müssen, sind auch für sie _____ (eirv) _____ (bceeeikLnrss) dabei.

Thematik	**Zusammenleben - Gemeinschaft**

GWS-Wortschatz

Namenwörter: Frieden, Interesse (EW: interessiert), Spaß, Streit, Wahl

Zeitwörter: boxen, nützen, schimpfen, schweigen (EW: schweigsam), ziehen (zog, gezogen, EW: zurückgezogen)

Eigenschaftswörter: ängstlich, dick, dünn, ehrlich, empfindlich, fröhlich, glücklich, klar, richtig, ruhig, stark, vorsichtig, wichtig, wild

sonstige Wörter: bestimmt, häufig, jemand, niemand, zurück

nicht im GWS enthaltene Wörter: Amt, genauso, gern, Meinung, schwach, wenig

Text

Das Amt als Klassensprecher

Es ist nicht <u>wichtig</u>, ob <u>jemand</u> <u>dick</u> oder <u>dünn</u>, <u>stark</u> oder schwach ist. Jedoch wird ein <u>empfindliches</u>, <u>schweigsames</u>, <u>zu-rückgezogenes</u> Kind mit diesem Amt genauso wenig <u>glücklich</u> sein wie ein recht <u>vorsichtiges</u> und <u>ängstliches</u> Kind. Auch ein Schüler, der <u>häufig</u> zu <u>Späßen</u> aufgelegt ist, gern <u>Streit</u> sucht, <u>schimpft</u> und <u>wild</u> um sich <u>boxt</u>, <u>nützt</u> <u>bestimmt</u> <u>niemandem</u>. Da-gegen wird ein <u>fröhlicher</u> Schüler, der <u>klar</u>, <u>ehrlich</u> und <u>ruhig</u> seine Meinung sagen kann und an <u>Frieden</u> <u>interessiert</u> ist, die <u>richtige</u> <u>Wahl</u> sein.

(82 Wörter, davon 29 GWS-Wörter oder davon abgeleitete Wörter)

Nachdenkstrategien

lang gesprochener i-Laut ➡ *ie:*
niemandem, Frieden, interessiert

ä/äu ➡ *verwandtes Wort mit a:*
ängstlich, häufig, Späße

Auslautverhärtung bei b,d,g ➡ *Verlängerung:*
jeman<u>d</u>, wird, empfin<u>d</u>lich, Kind, wild, s.u.

silbentrennendes h ➡ *Verlängerung:*
ruhig

Rückführung zur Grundform:
schweigsam (schweigen), kann

kurzer Vokal und Mitlautverdoppelung, tz, ck:
dick,dünn, zurück, glücklich, nützt, bestimmt, kann, interessiert

Nach l,n,r oder Doppellaut steht nie ck oder tz:
stark

Wortbausteine: Nachsilbe -ig (Auslautverhärt.):
wichtig, vorsichtig, ruhig, richtig

orthografische Merkstellen

langes i, Schreibweise i:

Wörter mit ä ohne Ableitung:

doppelter Vokal:

Dehnungs-h:
fröhlich, ehrlich, Wahl

Wörter mit v/V:
vorsichtig

Wörter mit ß:
Späße

ks-Laut bzw. z-Laut ts geschrieben:
boxt

besondere Wörter:
interessiert

Lückentext zum Andiktieren der Wörter zum Grundwortschatz

Das Amt als Klassensprecher

Es ist nicht _____, ob _____ _____ oder _____,
_____ oder schwach ist. Jedoch wird ein _____,
_____, _____ Kind mit
diesem Amt genauso wenig _____ sein wie ein recht
_____ und _____ Kind. Auch ein
Schüler, der _____ zu _____ aufgelegt ist, gern _____
sucht, _____ und _____ um sich _____, _____
_____ _____. Dagegen wird ein
_____ Schüler, der _____, _____ und
_____ seine Meinung sagen kann und an _____
_____ ist, die _____ _____ sein.

Lückentext zum Üben (Lückenwörter als Purzelwörter)

Das Amt als Klassensprecher

Es ist nicht _____ (cghiitw), ob _____ (adejmn) _____ (cdik)
oder _____ (dnnü), _____ (akrst) oder schwach ist. Jedoch wird ein
_____ (cdeefhiilmnps), _____
(aceeghimsssw), _____ (ceeeggknorsuüzz) Kind
mit diesem Amt genauso wenig _____ (ccghikllü) sein wie ein
recht _____ (ceghiiorsstv) und _____
(äceghilnsst) Kind. Auch ein Schüler, der _____ (äfghiu) zu
_____ (äenpSß) aufgelegt ist, gern _____ (eirStt) sucht,
_____ (cfhimpst) und _____ (dilw) um sich _____ (botx),
_____ (nttüz) _____ (beimmstt) _____
(adeeimmnn). Dagegen wird ein _____ (cefhhilörr) Schüler, der
_____(aklr), _____ (cehhilr) und _____ (ghiru) seine Meinung
sagen kann und an _____ (deeFinr) _____
(eeeiinrrsstt) ist, die _____ (ceghiirt) _____ (ahlW) sein.

Thematik	*Zusammenleben in der Gemeinde*

GWS-Wortschatz

Namenwörter:	Fernseher, Information, Medien, Programm, Radio, Streit, Wahl, Wähler, Zeitung, Zukunft
Zeitwörter:	beobachten, gewinnen, hoffen, sammeln, stimmen (NW: Stimmen), treffen, verlieren, wissen
Eigenschaftswörter:	ähnlich, anders, besser, frei, geheim, mehr, offen (ZW: veröffentlichen), richtig, vollständig, wichtig
sonstige Wörter:	häufig

nicht im GWS enthaltene Wörter: allgemein, Bescheid, Entscheidung, genau, gleich, manche, möglichst, Partei, unmittelbar, verschieden, Vorhaben

Text

Wahl

In den verschiedenen Medien, Zeitung, Radio oder Fernseher, veröffentlichen Parteien ihr Programm für die Zukunft. Sie hoffen, damit mehr Stimmen zu gewinnen und keine Wähler zu verlieren. Um besser die richtige Entscheidung treffen zu können, ist es wichtig genau zu beobachten, Informationen zu sammeln und möglichst vollständig Bescheid zu wissen. Manche Vorhaben sind ähnlich, manche anders, häufig kommt es zum Streit. Jede Wahl ist allgemein, frei, gleich, geheim und unmittelbar.

(71 Wörter, davon 29 GWS-Wörter oder davon abgeleitete Wörter)

Nachdenkstrategien

lang gesprochener i-Laut ➜ *ie:*
verschieden, verlieren
ä/äu ➜ *verwandtes Wort mit a:*
Wähler, vollständig, ähnlich, häufig
Auslautverhärtung bei b,d,g ➜ *Verlängerung:*
richtig, wichtig, vollständig, Bescheid
silbentrennendes h ➜ *Verlängerung:*
Fernseher
Rückführung zur Grundform:
kommt
kurzer Vokal und Mitlautverdoppelung, tz, ck:
veröffentlichen, Programm, hoffen, Stimmen, gewinnen, besser, treffen, können, sammeln, voll, wissen, kommt, allgemein, unmittelbar
Nach l,n,r oder Doppellaut steht nie ck oder tz:

Wortbausteine: Vorsilbe ver- (verschieden, veröffentlichen, verlieren) und Ent- (Entscheidung)

orthografische Merkstellen

langes i, Schreibweise i:

Wörter mit ä ohne Ableitung:

doppelter Vokal:

Dehnungs-h:
mehr, Wähler, ähnlich, Wahl
Wörter mit v/V: verschieden, veröffentlichen verlieren, vollständig, Vorhaben
Wörter mit ß:

ks-Laut bzw. z-Laut ts geschrieben:

besondere Wörter:
Medien, Programm, Information

Lückentext zum Andiktieren der Wörter zum Grundwortschatz

Wahl

In den verschiedenen _____, _____, _____ oder _____, _____ Parteien ihr _____ für die _____. Sie _____, damit _____ _____ zu _____ und keine _____ zu _____. Um _____ die _____ Entscheidung _____ zu können, ist es _____ genau zu _____, _____ zu _____ und möglichst _____ Bescheid zu _____. Manche Vorhaben sind _____, manche _____, _____ kommt es zum _____. Jede _____ ist allgemein, _____, gleich, _____ und unmittelbar.

Lückentext zum Üben (Lückenwörter als Purzelwörter)

Wahl

In den verschiedenen _____ (deeiMn), _____ (egintuZ), _____ (adioR) oder _____ (eeeFhnrrs), _____ (ceeeffhilnnnörtv) Parteien ihr _____ (agmmoPrr) für die _____ (fkntuuZ). Sie _____ (effhno), damit _____ (ehmr) _____ (eimmntS) zu _____ (eeginnnw) und keine _____ (äehlrW) zu _____ (eeeilnrrv). Um _____ (beerss) die _____ (ceghiirt) Entscheidung _____ (eeffnrt) zu können, ist es _____ (cghiitw) genau zu _____ (abbceehont), _____ (aeflimnnnoort) zu _____ (aelmmns) und möglichst _____ (ädgillnostv) Bescheid zu _____ (einssw). Manche Vorhaben sind _____ (ächhiln), manche _____ (adenrs), _____ (äfghiu) kommt es zum _____ (eirStt). Jede _____ (ahlW) ist allgemein, _____ (efir), gleich, _____ (eeghim) und unmittelbar.

Thematik	*Zusammenleben in der Gemeinde*

GWS-Wortschatz

Namenwörter:	Bahn, Beispiel, Block, Brücke, Gebäude, Gemeinde, Herstellung, Jugendlicher, Kreuzung, Laub, Maschine, Medien, Miete, Müll, Pass, Raum, Recycling, Schmutz, Straße, Unterricht, Verein
Zeitwörter:	bauen, (bereitstellen)
Eigenschaftswörter:	richtig, stark, verschmutzt, vollständig, wichtig
sonstige Wörter:	außerdem, häufig, bereit
nicht im GWS enthaltene Wörter:	Beseitigung, besonders, dessen, kümmern, säubern, sorgen, Übergang (gehen)

Text

Aufgaben der Gemeinde

Die Gemeinde sorgt für die Beseitigung von Müll und dessen richtiges Recycling. Stark verschmutzte Straßen und Brücken müssen mit Maschinen von Schmutz und Laub vollständig gesäubert werden. An Kreuzungen und Bahnübergängen ist dies besonders wichtig. Außerdem stellt eine Gemeinde häufig Gebäude mit Räumen für Vereine oder Jugendliche bereit oder sie baut Wohnblöcke für Mietwohnungen. Weiter kümmert sie sich zum Beispiel um Bücher und Medien für den Unterricht oder um die Herstellung von Pässen.

(76 Wörter, davon 30 GWS-Wörter oder davon abgeleitete Wörter)

Nachdenkstrategien

lang gesprochener i-Laut → ie:
dies, Miete, Beispiel
ä/äu → verwandtes Wort mit a: vollständig, gesäubert, -gänge, häufig, Gebäude, Räume, Pässe
Auslautverhartung bei b,d,g → Verlangerung:
Laub, Jugendliche
silbentrennendes h → Verlängerung:

Rückführung zur Grundform:
sorgt
kurzer Vokal und Mitlautverdoppelung, tz, ck:
verschmutzt, Brücke, müssen, Schmutz, vollständig, stellt, kümmert, Herstellung, Pass
Nach l,n,r oder Doppellaut steht nie ck oder tz:
stark
Wortbausteine: Nachsilben -ig und -ung (Auslautverhärt.): Beseitigung, richtig, wichtig

orthografische Merkstellen

langes i, Schreibweise i:
Maschine
Wörter mit ä ohne Ableitung:

doppelter Vokal:

Dehnungs-h:
Bahn, wohnen, Wohnung
Wörter mit v/V:
Verein
Wörter mit ß:
Straße, außerdem
ks-Laut bzw. z-Laut ts geschrieben:

besondere Wörter:
Recycling, Medien

Lückentext zum Andiktieren der Wörter zum Grundwortschatz

Aufgaben der Gemeinde

Die _____ sorgt für die Beseitigung von _____ und dessen

_____ _____. _____

_____ _____ und _____ müssen

mit _____ von _____ und _____

_____ gesäubert werden. An _____ und

_____-übergängen ist dies besonders _____. _____

stellt eine _____ _____ _____ mit

_____ für _____ oder _____ _____

oder sie _____ Wohn-_____ für _____-wohnungen. Weiter

kümmert sie sich zum _____ um Bücher und _____ für den

_____ oder um die _____ von _____.

Lückentext zum Üben (Lückenwörter als Purzelwörter)

Aufgaben der Gemeinde

Die _____ (deeeGimn) sorgt für die Beseitigung von _____

(llMü) und dessen _____ (ceghiirst) _____

(ccegilnRy). _____ (akrSt) _____ (ceehrmsttuvz)

_____ (aenrSßt) und _____ (Bceknrü) müssen mit

_____ (acehiMnns) von _____ (chmStuz) und

_____ (abLu) _____ (ädgillnostv) gesäubert werden.

An _____ (eegKnnruuz) und _____-übergängen (aBhn)

ist dies besonders _____ (cghiitw). _____ (Adeemrßu)

stellt eine _____ (deeeGimn) _____ (äfghiu)

_____ (äbdeeGu) mit _____ (äemnRu) für _____

(eeeinrV) oder _____ (cdeeghiJlnu) _____ (beeirt) oder

sie _____ (abtu) Wohn-_____ (bceklö) für _____-wohnungen

(eiMt) . Weiter kümmert sie sich zum _____ (Beeiilps) um Bücher

und _____ (deeiMn) für den _____ (cehinrrttU) oder um

die _____ (eegHllnrstu) von _____ (äePnss).

Thematik	Zusammenleben in der Gemeinde

GWS-Wortschatz

Namenwörter: Bau (bauen), Beispiel, Entwicklung, Führung, Gebäude, Gemeinde, Jugendlicher, Natur, Programm, Raum, Schutz, See, Spazierweg, Straße, Verein
Zeitwörter: beobachten, blicken, geschehen (NW: Geschehen), interessieren, nutzen (NW: Nutzung), raten (NW: Rat), (be-)schließen, setzen, (be-)stimmen, wählen (gewählt)
Eigenschaftswörter: bereit, offen (öffentlich), zukünftig

sonstige Wörter: mehr(ere), häufig, schließlich

nicht im GWS enthaltene Wörter: zusammen (sammeln), deren, Schaffung, Sitzung

Text

Der Gemeinderat

Der Gemeinderat setzt sich aus mehreren gewählten Leuten der Gemeinde zusammen. Er beobachtet das Geschehen in der Gemeinde und bestimmt mit über deren zukünftige Entwicklung. Die Sitzungen sind häufig öffentlich. Man beschließt zum Beispiel über den Bau von Gebäuden und deren Nutzung oder über neue Straßenführungen. Auch die Bereitstellung von Räumen für Jugendliche oder Vereine kann auf dem Programm stehen. Schließlich interessiert man sich auch für die Schaffung von Spazierwegen rund um den See und blickt auf den Schutz der Natur.

(83 Wörter, davon 31 GWS-Wörter oder vom GWS abgeleitete Wörter)

Nachdenkstrategien

lang gesprochener i-Laut ➡ *ie:* beschließen, Beispiel, schließlich, interessiert, Spazierweg

ä/äu ➡ *verwandtes Wort mit a:*
gewählt, häufig, Gebäude, Räume

Auslautverhärtung bei b,d,g ➡ *Verlängerung:*
zukünftig, häufig, Jugendliche, rund, Weg, s.u.

silbentrennendes h ➡ *Verlängerung:*
Geschehen, stehen

Rückführung zur Grundform:
setzt, bestimmt, kann, blickt

kurzer Vokal und Mitlautverdoppelung, tz, ck:
setzen, zusammen, bestimmt, Entwicklung, Sitzung, offen
Nutzung, stellen, Programm, interessiert, schaffen, blickt, Schutz

Nach l,n,r oder Doppellaut steht nie ck oder tz:

Wortbausteine: Nachsilbe -ung (Auslautverhärt./NW):
Entwicklung, Sitzung, Nutzung, Führung, Bereitstellung, Schaffung

orthografische Merkstellen

langes i, Schreibweise i:

Wörter mit ä ohne Ableitung:

doppelter Vokal:
See

Dehnungs-h:
mehrere, gewählt, Führung

Wörter mit v/V:
Verein

Wörter mit ß:
beschließt, Straße, schließlich

ks-Laut bzw. z-Laut ts geschrieben:

besondere Wörter: Programm, interessiert, Spazierweg

Lückentext zum Andiktieren der Wörter zum Grundwortschatz

Der _____

Der _____ _____ sich aus _____

_____ Leuten der _____ zusammen. Er

_____ das _____ in der _____

und _____ mit über deren _____

_____. Die Sitzungen sind _____

_____. Man _____ zum _____ über

den _____ von _____ und deren _____ oder über

neue _____. Auch die _____-stellung

von _____ für _____ oder _____ kann auf

dem _____ stehen. _____

_____ man sich auch für die Schaffung von

_____-wegen rund um den _____ und _____ auf den

_____ der _____.

Lückentext zum Üben (Lückenwörter als Purzelwörter)

Der _____ (adeeeGimnrt)

Der _____ (adeeeGimnrt) _____ (esttz) sich aus

_____ (eeehmnrr) _____ (äeeghlntw) Leuten der

_____ (deeeGimn) zusammen. Er _____

(abbceehott) das _____ (ceeeGhhns) in der _____

(deeeGimn) und _____ (beimmstt) mit über deren

_____ (efgikntuüz) _____ (cEgiklnntuw) . Die

Sitzungen sind _____ (äfghiu) _____ (ceffhilnöt). Man

_____ (bceehilsßt) zum _____ (Beeiilps) über den

_____ (aBu) von _____ (äbdeeGnu) und deren

_____ (gNntuuz) oder über neue

_____ (aeefghnnnrrSßtuü) . Auch die

_____-stellung (Beeirt) von _____ (äemnRu) für

_____ (cdeeghiJlnu) oder _____ (eeeinrV) kann auf

dem _____ (agmmoPrr) stehen. _____

(ccehhiillSß) _____ (eeeiinrrsstt) man sich auch für die

Schaffung von _____-wegen (aeiprSz) rund um den _____ (eeS)

und _____ (bciklt) auf den _____ (chStuz) der _____

(aNrtu).

Thematik	Wünsche und Bedürfnisse - Trends

GWS-Wortschatz

Namenwörter:	(Ein-)Fluss, Flüssigkeit (EW: flüssig, überflüssig), Gefahr, Handy, Medien, Süßigkeiten
Zeitwörter:	empfinden (NW: Empfindung), erkennen, erklären, erlauben, fernsehen, passen, verbieten,
Eigenschaftswörter:	fröhlich, glücklich, jugendlich (NW: Jugendlicher), jung, länger, mehr, nützlich, spät, wichtig
sonstige Wörter:	bestimmt, entgegen, vielleicht

nicht im GWS enthaltene Wörter: besitzen, jeder, manche, Meinung, weder

Text

„In" sein

Medien nehmen Einfluss auf die Empfindungen Jugendlicher. Handy und Süßigkeiten werden für wichtig erklärt. Wer darf länger fernsehen, vielleicht bis spät in die Nacht? Wer hat Eltern, die alles erlauben und nichts verbieten?
Manche junge Leute erkennen die Gefahr. Entgegen der Meinungen in den Medien ist nicht alles nützlich, ja sogar überflüssig, passt nicht alles zu jedem. Mehr zu besitzen macht bestimmt weder glücklicher noch fröhlicher.

(68 Wörter, davon 25 GWS-Wörter oder davon abgeleitete Wörter)

Nachdenkstrategien

lang gesprochener i-Laut ➜ ie:
vielleicht, verbieten
ä/äu ➜ verwandtes Wort mit a:
erklärt, länger, spät (bayr. „spat")
Auslautverhärtung bei b,d,g ➜ Verlängerung:
Jugendlicher, lang, jung (s.a.u.)
silbentrennendes h ➜ Verlängerung:
fernsehen
Rückführung zur Grundform:
passt
kurzer Vokal und Mitlautverdoppelung, tz, ck:
Einfluss, alles, erkennen, nützlich, überflüssig,
passt, besitzen, bestimmt, glücklich
Nach l,n,r oder Doppellaut steht nie ck oder tz:

Wortbausteine:Nachsilben -ig und -ung (Auslautverh.)
Empfindung, Süßigkeit, wichtig, Meinung, überflüssig

orthografische Merkstellen

langes i, Schreibweise i:

Wörter mit ä ohne Ableitung:

doppelter Vokal:

Dehnungs-h:
nehmen, Gefahr, mehr, fröhlich
Wörter mit v/V:
vielleicht, verbieten
Wörter mit ß:
Süßigkeit
ks-Laut bzw. z-Laut ts geschrieben:

besondere Wörter:
Medien, Handy

Lückentext zum Andiktieren der Wörter zum Grundwortschatz

„In" sein

_____ nehmen _____ auf die _____

_____. _____ und _____ werden

für _____ _____. Wer darf _____

_____, _____ bis _____ in die Nacht? Wer hat

Eltern, die alles _____ und nichts _____?

Manche _____ Leute _____ die _____.

_____ der Meinungen in den _____ ist nicht alles

_____, ja sogar über-_____, _____ nicht alles zu

jedem. _____ zu besitzen macht _____ weder

_____ noch _____.

Lückentext zum Üben (Lückenwörter als Purzelwörter)

„In" sein

_____ (deeiMn) nehmen _____ (Efilnssu) auf die

_____ (dEefgimnnnpu) _____

(cdeeghiJlnru). _____ (adHny) und _____

(eegiiknSßttü) werden für _____ (cghiitw) _____ (äeklrrt).

Wer darf _____ (äeglnr) _____ (eeefhnnrs),

_____ (ceehiilltv) bis _____ (äpst) in die Nacht? Wer hat El-

tern, die alles _____ (abeelnru) und nichts _____

(beeeinrtv) ?

Manche _____ (egjnu) Leute _____ (eeeknnnr) die

_____ (aefGhr). _____ (Eeeggnnt) der Meinungen in den

_____ (deeiMn) ist nicht alles _____ (chilntüz), ja sogar

über-_____(fgilssü), _____ (apsst) nicht alles zu jedem.

_____ (ehMr) zu besitzen macht _____ (beimmstt) weder

_____ (cceghikllrü) noch _____ (cefhhilörr).

Thematik	*Vorstellungen von der eigenen Zukunft*

GWS-Wortschatz

Namenwörter:	ändern, Angst, Bahn, Beispiel, Ferien, Lehrer, Stadt, Unterricht, Wahl, Zukunft
Zeitwörter:	blicken, erleben, erwarten, (be-)grüßen, kennen, sammeln, schaffen, treffen, verlieren
Eigenschaftswörter:	länger, voll (zus.ges. EW: erwartungsvoll), zukünftig
sonstige Wörter:	anders (andere), bereits, hoffentlich, mehr, niemand

nicht im GWS enthaltene Wörter: einige, Gedanke, hinsichtlich, jetzt, manche, meiste

Text

Das Neue begrüßen

Bereits jetzt müssen die Schüler die Wahl hinsichtlich ihrer zukünftigen Schule treffen. Was werden sie nach den Ferien erleben, was erwartet sie? Sie sammeln ihre Gedanken. Manches wird sich ändern. So wird zum Beispiel die Fahrt mit der Bahn in die Stadt länger. Einige haben Angst Freunde zu verlieren und niemanden mehr zu kennen. Die meisten aber blicken erwartungsvoll in die Zukunft und freuen sich auf neue Lehrer und anderen Unterricht. Hoffentlich schaffen sie es.

(78 Wörter, davon 27 GWS-Wörter oder davon abgeleitete Wörter)

Nachdenkstrategien	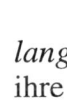	**orthografische Merkstellen**
lang gesprochener i-Laut ➔ *ie:* sie, Beispiel, verlieren, niemand		*langes i, Schreibweise i bzw. ih:* ihre
ä/äu ➔ *verwandtes Wort mit a:* ändern, länger		*Wörter mit ä ohne Ableitung:*
Auslautverhärtung bei b,d,g ➔ *Verlängerung:* zukünftig, wird, länger, niemand, Erwartung		*doppelter Vokal:*
silbentrennendes h ➔ *Verlängerung:*		*Dehnungs-h:* Wahl, Fahrt, Bahn, mehr, Lehrer
Rückführung zur Grundform: wird		*Wörter mit v/V:* verlieren
kurzer Vokal und Mitlautverdoppelung, tz, ck: jetzt, müssen, treffen, sammeln, kennen, blicken, voll, hoffentlich, schaffen		*Wörter mit ß:* begrüßen
Nach l,n,r oder Doppellaut steht nie ck oder tz: Gedanke		*ks-Laut bzw. z-Laut ts geschrieben:* Angst // bereits
Wortbausteine:		*besondere Wörter:* das Neue, Ferien, Stadt

Lückentext zum Andiktieren der Wörter zum Grundwortschatz

Das Neue _____

_____ jetzt müssen die Schüler die _____ hinsichtlich ihrer

_____ Schule _____. Was werden sie nach den

_____ _____, was _____ sie? Sie

_____ ihre Gedanken. Manches wird sich _____. So

wird zum _____ die Fahrt mit der _____ in die _____

_____. Einige haben _____ Freunde zu _____

und _____ _____ zu _____. Die meisten aber

_____ _____ in die _____ und

freuen sich auf neue _____ und _____

_____. _____ _____ sie es.

Lückentext zum Üben (Lückenwörter als Purzelwörter)

Das Neue _____ (beegnrßü)

_____ (Beeirst) jetzt müssen die Schüler die _____ (ahlW) hin-

sichtlich ihrer _____ (efgiknntuüz) Schule _____

(eeffnrt). Was werden sie nach den _____ (eeFinr) _____

(beeelnr), was _____ (aeerrttw) sie? Sie _____

(aelmmns) ihre Gedanken. Manches wird sich _____ (ädennr). So

wird zum _____ (Beeiilps) die Fahrt mit der _____ (aBhn) in

die _____ (adStt) _____ (äeglnr). Einige haben

_____ (Agnst) Freunde zu _____ (eeeilnrrv) und

_____ (adeeimnnn) _____ (ehmr) zu _____

(eeknnn). Die meisten aber _____ (bceikln)

_____ (aegllnorrstuvw) in die _____

(fkntuuZ) und freuen sich auf neue _____ (eehLrr) und

_____ (adeennr) _____ (cehinrrttU).

_____ (ceffHhilnot) _____ (aceffhns) sie es.

118

Thematik	*Wir in der Welt - die Welt bei uns*

GWS-Wortschatz

Namenwörter: Angst, Beispiel, Christ, Deutschland, Frieden, Freiheit, Gefühl, Gesetz, Gott, Krieg, Land, (Aus-)Länder

Zeitwörter: ernähren (NW: Ernährung), hängen, (er-)hoffen, (ver-)lassen, (ab-)schieben (hier: abgeschoben), wechseln (NW: Wechsel)

Eigenschaftswörter: empfindlich (NW: Empfindung), länger, schwierig, stark

sonstige Wörter: anders

nicht im GWS enthaltene Wörter: Glaube, manchmal, oft, viel, wegen

Text

Ausländer bei uns

Ausländer verlassen zum Beispiel aus Angst vor Krieg ihr Land oft für längere Zeit. Sie suchen Frieden und erhoffen ein Leben in Freiheit. Manchmal werden sie auch wegen eines Gesetzes abgeschoben. Der Wechsel nach Deutschland ist schwierig, da sie mit ihren Gefühlen und Empfindungen oft stark an ihrem Heimatland hängen. Vieles ist bei uns anders, zum Beispiel die Ernährung oder der Glaube der Christen an Gott.

(69 Wörter, davon 23 GWS-Wörter oder davon abgeleitete Wörter)

Nachdenkstrategien

lang gesprochener i-Laut ➔ *ie:*
Beispiel, Krieg, Frieden, schwierig, viel

ä/äu ➔ *verwandtes Wort mit a:*
Ausländer, länger, hängen, Ernährung

Auslautverhärtung bei b,d,g ➔ *Verlängerung:*
Krieg, Land, lang, Empfindung, Ernährung

silbentrennendes h ➔ *Verlängerung:*

Rückführung zur Grundform:

kurzer Vokal und Mitlautverdoppelung, tz, ck:
verlassen, erhoffen, Gesetz, Gott

Nach l,n,r oder Doppellaut steht nie ck oder tz:
stark

Wortbausteine:Vorsilben bei ZW (ver-, er-, ab-)
verlassen, erhoffen, abschieben

orthografische Merkstellen

langes i, Schreibweise i bzw. ih:
ihr

Wörter mit ä ohne Ableitung:

doppelter Vokal:

Dehnungs-h:
ihr, Gefühl, Ernährung

Wörter mit v/V:
verlassen, viel

Wörter mit ß:

ks-Laut bzw. z-Laut ts geschrieben:
Angst, Wechsel

besondere Wörter:
Christ

Lückentext zum Andiktieren der Wörter zum Grundwortschatz

_____ **bei uns**

_____ _____ zum _____ aus
_____ vor _____ ihr _____ oft für _____ Zeit. Sie
suchen _____ und _____ ein Leben in _____.
Manchmal werden sie auch wegen eines _____
_____. Der _____ nach
_____ ist _____, da sie mit ihren
_____ und _____ oft _____ an ihrem
Heimat-_____ _____. Vieles ist bei uns _____,
zum _____ die _____ oder der Glaube der
_____ an _____.

Lückentext zum Üben (Lückenwörter als Purzelwörter)

_____ (Aädelnrsu) **bei uns**

_____ (Aädelnrsu) _____ (aeelnrssv) zum
_____ (Beeiilps) aus _____ (Agnst) vor _____ (egiKr) ihr
_____ (adLn) oft für _____ (äeeglnr) Zeit. Sie suchen
_____ (deeFinr) und _____ (eeffhnor) ein Leben in
_____ (eeFhiirt). Manchmal werden sie auch wegen eines
_____ (eeeGsstz) _____ (abbceeghnos). Der
_____ (ceehlsW) nach _____ (acDdehlnstu) ist
_____ (ceghiirsw), da sie mit ihren _____ (eefGhlnü)
und _____ (dEfgeimnnnpu) oft _____ (akrst) an
ihrem Heimat-_____ (adln) _____ (äeghnn). Vieles ist bei uns
_____ (adenrs), zum _____ (Beeiilps) die
_____ (äEghnnrru) oder der Glaube der _____
(Cehinrst) an _____ (Gott).

Thematik	*Wir in der Welt - die Welt bei uns*

GWS-Wortschatz

Namenwörter: Beispiel, Deutschland, Führung, Geburt, Geschäft (ZW: beschäftigen), Herstellung, Kraft (zus.NW: Arbeits-), (Aus-)Länder, Maschine, Müll, Pass, Stadt, Straße

Zeitwörter: entdecken

Eigenschaftswörter: deutsch, fleißig, spitz (zus.ges. NW: Spitzenkraft)

sonstige Wörter: anders

nicht im GWS enthaltene Wörter: früher, kehren, manche, manchmal

Text

Ausländer bei uns

Manche Ausländer leben von Geburt an in Deutschland und haben einen deutschen Pass. Ihre Eltern wurden früher als fleißige Arbeitskräfte entdeckt. Sie wurden als Müllmänner oder Straßenkehrer in Städten beschäftigt. Das ist nun auch anders. Ausländer sind zum Beispiel in Geschäften zu finden. Sie arbeiten an Maschinen zur Herstellung von Waren, manchmal auch als Spitzenkraft oder Führungskraft.

(60 Wörter, davon 18 GWS-Wörter oder davon abgeleitete Wörter)

Nachdenkstrategien

lang gesprochener i-Laut ➜ *ie:*
Beispiel
ä/äu ➜ *verwandtes Wort mit a:*
Ausländer, Kräfte, Männer, Städte, beschäftigt, Geschäft
Auslautverhärtung bei b,d,g ➜ *Verlängerung:*
Deutschland, fleißig, beschäftigt, Herstellung
silbentrennendes h ➜ *Verlängerung:*

Rückführung zur Grundform:
entdeckt, beschäftigt
kurzer Vokal und Mitlautverdoppelung, tz, ck:
Pass, entdeckt, Müllmänner, Herstellung, spitz

Nach l,n,r oder Doppellaut steht nie ck oder tz:

Wortbausteine:

orthografische Merkstellen

langes i, Schreibweise i bzw. ih:
ihr, Maschine
Wörter mit ä ohne Ableitung:

doppelter Vokal:

Dehnungs-h:
ihre, Straßenkehrer, Führung
Wörter mit v/V:

Wörter mit ß:
fleißig, Straße
ks-Laut bzw. z-Laut ts geschrieben:
Arbeitskraft
besondere Wörter:
Stadt

Lückentext zum Andiktieren der Wörter zum Grundwortschatz

_____ **bei uns**

Manche _____ leben von _____ an in
_____ und haben einen _____ _____.
Ihre Eltern wurden früher als _____ Arbeits-_____
_____. Sie wurden als _____-männer oder _____-
kehrer in _____ _____. Das ist nun auch
_____. _____ sind zum _____ in
_____ zu finden. Sie arbeiten an _____ zur
_____ von Waren, manchmal auch als
_____ oder _____.

Lückentext zum Üben (Lückenwörter als Purzelwörter)

_____ (Aädelnrsu) **bei uns**

Manche _____ (Aädelnrsu) leben von _____ (beGrtu) an
in _____ (acDdehlnstu) und haben einen
_____ (cdeehnstu) _____ (aPss). Ihre Eltern wurden früher
als _____ (eefgiilß) Arbeits-_____ (äefkrt) _____
(cdeekntt). Sie wurden als _____-männer (llMü) oder _____-kehrer
(aenrSßt) in _____ (ädenStt) _____ (äbcefghistt). Das
ist nun auch _____ (adenrs). _____ (Aädelnrsu) sind
zum _____ (Beeiilps) in _____ (äceefGhnst) zu
finden. Sie arbeiten an _____ (acehiMnns) zur
_____ (eegHllnrstu) von Waren, manchmal auch als
_____ (aefiknprSttz) oder _____
(aFfghknrrstüu).

122

Thematik	*Orientierung mit der Karte - Höhen*

GWS-Wortschatz

Namenwörter: Blick, Hang, Höhe, Meer, Spitze, Tiefe

Zeitwörter: entdecken, entfernen, informieren, klettern, (ein-)zeichnen

Eigenschaftswörter: nah (näher)

sonstige Wörter: ähnlich, bevor

nicht im GWS enthaltene Wörter: Auskunft, beisammen, Berg, desto, flach, Karte, Linie, steil, Ton, voneinander

Text

Höhendarstellung

Bevor man auf einen Berg klettert, sollte man sich darüber in einer Karte informieren. Mit einem Blick entdeckt man dort die Höhe bis zur Bergspitze. Für jeden Berg sind aber auch Höhenlinien eingezeichnet. Je weiter diese voneinander entfernt sind, desto flacher ist der Hang, je näher diese beisammen sind, desto steiler. Auch die Brauntöne geben Auskunft über die Höhe, ähnlich wie die Blautöne bei der Tiefe von Meeren.

(69 Wörter, davon 14 GWS-Wörter oder davon abgeleitete Wörter)

Nachdenkstrategien

lang gesprochener i-Laut ➜ ie:
informieren, diese, Tiefe
ä/äu ➜ verwandtes Wort mit a:
näher, ähnlich
Auslautverhärtung bei b,d,g ➜ Verlängerung:
Darstellung, Berg, Hang
silbentrennendes h ➜ Verlängerung:
Höhe, näher
Rückführung zur Grundform:
sollte, entdeckt
kurzer Vokal und Mitlautverdoppelung, tz, ck:
Darstellung, klettert, sollte, Blick, entdeckt,
Spitze, beisammen
Nach l,n,r oder Doppellaut steht nie ck oder tz:

Wortbausteine: Vorsilben bei ZW: ent-, ein-:
entdecken, einzeichnen, entfernen

orthografische Merkstellen

langes i, Schreibweise i:

Wörter mit ä ohne Ableitung:

doppelter Vokal:
Meer
Dehnungs-h:
ähnlich
Wörter mit v/V:
bevor, voneinander
Wörter mit ß:

ks-Laut bzw. z-Laut ts geschrieben:

besondere Wörter:
informieren, Linie

Lückentext zum Andiktieren der Wörter zum Grundwortschatz

_____-darstellung

_____ man auf einen Berg _____, sollte man sich darüber in einer Karte _____. Mit einem _____ _____ man dort die _____ bis zur Berg-_____. Für jeden Berg sind aber auch Höhenlinien _____. Je weiter diese voneinander _____ sind, desto flacher ist der _____, je _____ diese beisammen sind, desto steiler. Auch die Brauntöne geben Auskunft über die _____, _____ wie die Blautöne bei der _____ von _____.

Lückentext zum Üben (Lückenwörter als Purzelwörter)

_____-darstellung (eHhnö)

_____ (Beorv) man auf einen Berg _____ (eeklrttt), sollte man sich darüber in einer Karte _____ (eefiimnnorr). Mit einem _____ (Bcikl) _____ (eeknnrt) man dort die _____ (eHhö) bis zur Berg-_____ (eipstz). Für jeden Berg sind aber auch Höhenlinien _____ (ceeeeghiinntz). Je weiter diese voneinander _____ (eefnnrtt) sind, desto flacher ist der _____ (agHn), je _____ (äehnr) diese beisammen sind, desto steiler. Auch die Brauntöne geben Auskunft über die _____ (eHhö), _____ (ächhiln) wie die Blautöne bei der _____ (eefiT) von _____ (eeeMnr).

124

Thematik	*Orientierung mit der Karte - Höhen*

GWS-Wortschatz

Namenwörter: Bahn, Deutschland, Entfernung, Europa, Gemeinde, (Zusammen-)Hang, Land, Raum (EW: räumlich), See, Stadt, Urlaub, Wald, Ziel

Zeitwörter: kennen, wählen

Eigenschaftswörter: nah (nächste), natürlich

sonstige Wörter:

nicht im GWS enthaltene Wörter: Kilometer, Kreis, Rosenheim, Teil, wegen, zwanzig

Text

Räumliche Zusammenhänge

Uwe lebt in einer kleinen <u>Gemeinde</u> im <u>Landkreis</u> Rosenheim. Die <u>Entfernung</u> zur <u>nächsten</u> <u>Stadt</u> beträgt mit der <u>Bahn</u> etwa zwanzig Kilometer. Uwe lernt in der Schule die <u>räumlichen</u> Zusammen-<u>hänge</u> <u>kennen</u>. Sein <u>Landkreis</u> liegt in Bayern, einem <u>Land</u> in <u>Deutschland</u>, und <u>Deutschland</u> ist ein Teil von <u>Europa</u>. Viele Leu-te <u>wählen</u> Bayern im <u>Urlaub</u> wegen seiner <u>natürlichen</u> Schönhei-ten, <u>Wälder</u> und <u>Seen</u> als Reiseziel.

(63 Wörter, davon 17 GWS-Wörter oder davon abgeleitete Wörter)

Nachdenkstrategien

lang gesprochener i-Laut ➡ *ie:*
liegt, viele, Ziel
ä/äu ➡ *verwandtes Wort mit a:*
räumlich, Zusammenhänge, beträgt, wählen, Wälder
Auslautverhärtung bei b,d,g ➡ *Verlängerung:*
Land, Entfernung, zwanzig, Urlaub, Wald, Zus.hang
silbentrennendes h ➡ *Verlängerung:*

Rückführung zur Grundform:
lebt, beträgt, liegt *(Verhärt.)*
kurzer Vokal und Mitlautverdoppelung, tz, ck:
Zusammenhang, kennen

Nach l,n,r oder Doppellaut steht nie ck oder tz:

Wortbausteine:

orthografische Merkstellen

langes i, Schreibweise i:

Wörter mit ä ohne Ableitung:

doppelter Vokal:
See
Dehnungs-h:
Bahn, wählen
Wörter mit v/V:

Wörter mit ß:

ks-Laut bzw. z-Laut ts geschrieben:

besondere Wörter:
Stadt, Bayern

Lückentext zum Andiktieren der Wörter zum Grundwortschatz

_____ _____

Uwe lebt in einer kleinen _____ im _____-kreis Rosenheim.

Die _____ zur _____ _____ beträgt mit

der _____ etwa zwanzig Kilometer. Uwe lernt in der Schule die

_____ _____ _____.

Sein _____-kreis liegt in Bayern, einem _____ in

_____, und _____ ist ein Teil von

_____. Viele Leute _____ Bayern im _____

wegen seiner _____ Schönheiten, _____ und

_____ als Reise-_____.

Lückentext zum Üben (Lückenwörter als Purzelwörter)

_____ (äechilmRu) _____

(aäeeghmmnnsuZ)

Uwe lebt in einer kleinen _____ (eeedGimn) im _____-kreis

(adLn) Rosenheim. Die _____ (Eefgnnrtu) zur

_____ (äcehnnst) _____ (adStt) beträgt mit der _____

(aBhn) etwa zwanzig Kilometer. Uwe lernt in der Schule die

_____ (äechilmnru) _____

(aäeeghmmnnsuZ) _____ (eeknnn). Sein _____-kreis (adLn) liegt

in Bayern, einem _____ (adLn) in _____

(acDdehlnstu), und _____ (acDdehlnstu) ist ein Teil von

_____ (aEopru). Viele Leute _____ (äehlnw) Bayern im

_____ (ablrUu) wegen seiner _____ (acehilnnrtü)

Schönheiten, _____ (ädelrW) und _____ (eenS) als Reise-

_____(eilz).

Thematik *Erkunden der Umwelt-Produktverarbeitung*

GWS-Wortschatz

Namenwörter: Beispiel, Druck (ZW: aufdrucken), Fett, Land, Maschine (EW: maschinell), Raum, Stück, Verpackung

Zeitwörter: gewinnen, herstellen, rühren, schmecken, verpacken, (be-)zeichnen (NW: Bezeichnung)

Eigenschaftswörter: besser, deutsch, fertig, kühl, süß, trocken

sonstige Wörter:

nicht im GWS enthaltene Wörter: Butter, formen, Kilo, Liter, Marke, Milch, Rahm

Text

Ein beliebtes Fett

Trockenes Brot schmeckt besser mit Butter. Sie wird aus dem Rahm der Milch hergestellt. In einem kühlen Raum steht eine Rührmaschine, in der der Rahm zu Butter gerührt wird. Aus 28 Liter Milch gewinnt man ein Kilo Butter. Die fertige Butter wird maschinell zu Stücken geformt und verpackt. Auf die Verpackung wird die Bezeichnung aufgedruckt, zum Beispiel „Deutsche Markenbutter" oder „Landbutter", „Süßrahmbutter" oder „Sauerrahmbutter".

(66 Wörter, davon 20 GWS-Wörter oder davon abgeleitete Wörter)

Nachdenkstrategien

lang gesprochener i-Laut ➜ *ie:*
beliebt
ä/äu ➜ *verwandtes Wort mit a:*

Auslautverhärtung bei b,d,g ➜ *Verlängerung:*
beliebt, wird, fertig, Verpackung, Bezeichnung, Land
silbentrennendes h ➜ *Verlängerung:*
stehen (steht)
Rückführung zur Grundform: schmeckt, wird, hergestellt, steht, gewinnt, verpackt, gedruckt
kurzer Vokal und Mitlautverdoppelung, tz, ck:
Fett, trocken, schmeckt, besser, Butter, hergestellt, gewinnt, maschinell, verpackt, Verpackung
Nach l,n,r oder Doppellaut steht nie ck oder tz:
Markenbutter
Wortbausteine: zusammengesetzte NW

orthografische Merkstellen

langes i, Schreibweise i:
Maschine, maschinell, Liter, Kilo
Wörter mit ä ohne Ableitung:

doppelter Vokal:

Dehnungs-h:
Rahm, kühl, rühren
Wörter mit v/V:
verpackt, Verpackung
Wörter mit ß:
süß
ks-Laut bzw. z-Laut ts geschrieben:

besondere Wörter:
maschinell

127

Lückentext zum Andiktieren der Wörter zum Grundwortschatz

Ein beliebtes _____

_____ Brot _____ _____ mit Butter. Sie wird aus dem Rahm der Milch _____. In einem _____ _____ steht eine _____, in der der Rahm zu Butter _____ wird. Aus 28 Liter Milch _____ man ein Kilo Butter. Die _____ Butter wird _____ zu _____ geformt und _____. Auf die _____ wird die _____ _____, zum _____ „_____ Markenbutter" oder „_____-butter", „_____-rahmbutter" oder „Sauerrahmbutter".

Lückentext zum Üben (Lückenwörter als Purzelwörter)

Ein beliebtes _____ (eFtt)

_____ (ceeknorsT) Brot _____ (ccehkmst) _____ (beerss) mit Butter. Sie wird aus dem Rahm der Milch _____ (eeeghllrstt). In einem _____ (ehklnü) _____ (amRu) steht eine _____ (acehhimnRrsü), in der der Rahm zu Butter _____ (eghrrtü) wird. Aus 28 Liter Milch _____ (eginntw) man ein Kilo Butter. Die _____ (eefgirt) Butter wird _____ (acehillmns) zu _____ (ceknStü) geformt und _____ (acekprtv). Auf die _____ (acegknpruV) wird die _____ (Bceeghinnuz) _____ (acdefgkrtuu), zum _____ (Beeiilps) „_____ (Dceehstu) Markenbutter" oder „_____-butter" (adLn), „_____-rahmbutter" (Sßü) oder „Sauerrahmbutter".

128

Thematik	*Erkunden der Umwelt-Produktverarbeitung*

GWS-Wortschatz

Namenwörter:	Flüssigkeit (EW: flüssig), Herstellung, Hitze, Krieg, Maschine, Stoff, Verschmutzung, (Er-)Zeugnis
Zeitwörter:	fließen (zus.ges. NW: Fließband), gießen, kennen (bekannt)
Eigenschaftswörter:	fertig (ZW: fertigen), hart (ZW: härten), schwierig
sonstige Wörter:	mehr
nicht im GWS enthaltene Wörter:	erst, Form, Gegenstand, immer, Plastik, säubern, Welt

Text

Plastik

Plastik ist ein Kunststoff, der erst nach dem zweiten Weltkrieg bei uns bekannt wurde. Immer mehr Erzeugnisse werden aus Plastik gefertigt. Ihre Herstellung erfolgt mit Maschinen. Der flüssige Stoff wird in Formen gegossen und gehärtet. Viele Leute arbeiten am Fließband. Gegenstände aus Plastik halten Hitze und Kälte aus und sind bei Verschmutzung nicht schwierig zu säubern.

(57 Wörter, davon 15 GWS-Wörter oder davon abgeleitete Wörter)

Nachdenkstrategien

lang gesprochener i-Laut ➜ *ie:*
Krieg, viele, Fließband, schwierig
ü/äu ➜ *verwandtes Wort mit a:*
gehärtet, Gegenstände, Kälte, säubern
Auslautverhärtung bei b,d,g ➜ *Verlängerung:*
Krieg, flüssig, Band, Gegenstand, schwierig
silbentrennendes h ➜ *Verlängerung:* (s.a.u.)

Rückführung zur Grundform:
bekannt, gefertigt, erfolgt *(Verhärt.)*
kurzer Vokal und Mitlautverdoppelung, tz, ck:
Kunststoff, bekannt, Erzeugnisse, Herstellung, flüssig, Stoff, gegossen, Hitze, Verschmutzung
Nach l,n,r oder Doppellaut steht nie ck oder tz:

Wortbausteine: Nachsilben -nis,-ung (NW; Verhärt.)
Erzeugnis, Herstellung, Verschmutzung

orthografische Merkstellen

langes i, Schreibweise i bzw. ih:
ihre, Maschine
Wörter mit ä ohne Ableitung:

doppelter Vokal:

Dehnungs-h:
mehr
Wörter mit v/V:
viel, Verschmutzung
Wörter mit ß:
Fließband
ks-Laut bzw. z-Laut ts geschrieben:

besondere Wörter:
Plastik

Lückentext zum Andiktieren der Wörter zum Grundwortschatz

Plastik

Plastik ist ein Kunst-_____, der erst nach dem zweiten Welt-_____
bei uns _____ wurde. Immer _____
_____ werden aus Plastik _____. Ihre
_____ erfolgt mit _____. Der
_____ _____ wird in Formen _____ und
_____. Viele Leute arbeiten am _____-band. Gegenstände
aus Plastik halten _____ und Kälte aus und sind bei
_____ nicht _____ zu säubern.

Lückentext zum Üben (Lückenwörter als Purzelwörter)

Plastik

Plastik ist ein Kunst-_____ (ffost), der erst nach dem zweiten Welt-
_____ (egikr) bei uns _____ (abeknnt) wurde. Immer _____
(ehmr) _____ (Eeeginrssuz) werden aus Plastik
_____ (eefggirtt). Ihre _____ (eegHllnrstu) erfolgt
mit _____ (acehiMnns). Der _____ (efgilssü)
_____ (ffoSt) wird in Formen _____ (eeggnoss) und
_____ (äeeghrtt). Viele Leute arbeiten am _____-band (eFilß).
Gegenstände aus Plastik halten _____ (eHitz) und Kälte aus und sind
bei _____ (ceghmnrstuuVz) nicht
_____ (ceghiirsw) zu säubern.

130

Thematik	*Erkunden der Umwelt - Abfallentsorgung*

GWS-Wortschatz

Namenwörter: Gemeinde, Geruch, Geschäft, Müll, Natur, Recycling, Stoff, Verpackung, Verschmutzung, Ziel

Zeitwörter: beginnen, (zu-)führen, geschehen, sammeln, verbrennen

Eigenschaftswörter: mehr, offen, richtig

sonstige Wörter: zukünftig

nicht im GWS enthaltene Wörter: Abfall, entsorgen, Flasche, Pfand, trennen, Umwelt, vermeiden, Ware, Wert

Text

Abfallentsorgung

Es ist Aufgabe der Gemeinde Müll richtig zu entsorgen um Gerüche und Verschmutzung von Natur und Umwelt zu vermeiden.
Müll wird nach Wertstoffen getrennt, gesammelt und dem Recycling zugeführt. Der Restmüll wird verbrannt.
Unser Ziel muss es sein zukünftig mehr Müll zu vermeiden. Dies könnte bei der Verpackung der Waren in den Geschäften geschehen. Beginnen könnte man damit, dass man Waren offen kauft oder Pfandflaschen nimmt.

(67 Wörter, davon 19 GWS-Wörter oder davon abgeleitete Wörter)

Nachdenkstrategien		orthografische Merkstellen

Nachdenkstrategien

lang gesprochener i-Laut ➜ ie:
Ziel, dies
ä/äu ➜ verwandtes Wort mit a:
Geschäft
Auslautverhärtung bei b,d,g ➜ Verlängerung:
richtig, zukünftig, Pfand, s.a.u.
silbentrennendes h ➜ Verlängerung:
geschehen
Rückführung zur Grundform:
wird, getrennt, gesammelt, verbrannt, muss, könnte
kurzer Vokal und Mitlautverdoppelung, tz, ck:
Abfall, Müll, Verschmutz., Stoff, getrennt, gesammelt, verbrannt, muss, könnte, Verpack., beginnen, offen, nimmt
Nach l,n,r oder Doppellaut steht nie ck oder tz:

Wortbausteine: Nachsilbe -ung (NW, Verhärt.):
Entsorgung, Verschmutzung, Verpackung; *Vorsilbe ver-* (s.o.)

orthografische Merkstellen

langes i, Schreibweise i:

Wörter mit ä ohne Ableitung:

doppelter Vokal:

Dehnungs-h:
zugeführt, mehr
Wörter mit v/V: Verschmutzung, vermeiden, verbrannt, Verpackung
Wörter mit ß:

ks-Laut bzw. z-Laut ts geschrieben:

besondere Wörter:
Recycling

Lückentext zum Andiktieren der Wörter zum Grundwortschatz

Abfallentsorgung

Es ist Aufgabe der _____ _____ _____ zu entsorgen

um _____ und _____ von _____

und Umwelt zu vermeiden. _____ wird nach Wert-_____

getrennt, _____ und dem _____

_____. Der Rest-_____ wird _____.

Unser _____ muss es sein _____ _____ _____

zu vermeiden. Dies könnte bei der _____ der Waren in

den _____ _____. _____ könnte

man damit, dass man Waren _____ kauft oder Pfandflaschen nimmt.

Lückentext zum Üben (Lückenwörter als Purzelwörter)

Abfallentsorgung

Es ist Aufgabe der _____ (deeeGimn) _____ (llMü)

_____ (cghiirt) zu entsorgen um _____ (ceeGhrü) und

_____ (ceghmnrstuuVz) von _____ (aNrtu) und

Umwelt zu vermeiden. _____ (llMü) wird nach Wert-_____

(effnost) getrennt, _____ (aeeglmmst) und dem

_____ (ccegilnRy) _____ (efghrtüuz). Der Rest-

_____ (llmü) wird _____ (abennrrtv).

Unser _____ (eilZ) muss es sein _____ (fgkintuüz)

_____ (ehmr) _____ (llMü) zu vermeiden. Dies könnte bei der

_____ (acegknpruV) der Waren in den

_____ (äceefGhnst) _____ (ceeeghhns).

_____ (Beeginnn) könnte man damit, dass man Waren

_____ (ffeno) kauft oder Pfandflaschen nimmt.

| **Thematik** | *Erkunden der Umwelt - Abfallentsorgung* |

GWS-Wortschatz

Namenwörter:	Bett, Brücke, Decke, Draht, Dreck, Fernseher, Fluss, Käfig, Kiefer, Müll, Natur, Paket, Radio, See, Spiegel, Straße, Stück, Wald, Zeitung
Zeitwörter:	ärgern, entdecken, hängen, (weg-)räumen, (zer-)reißen, spazieren (zus.ges. NW: Spazierweg), verpacken, verschmutzen
Eigenschaftswörter:	bequem, fleißig, voll (völlig), wild
sonstige Wörter:	ungefähr
nicht im GWS enthaltene Wörter:	entsorgen, Graben, Menge

Text

„Ramadama"

Letztes Wochenende räumten fleißige Schüler den Müll in Wäldern, an Seen und auf Spazierwegen weg. Sie entdeckten eine Menge Dreck. Unter einer Flussbrücke lag ein Fernseher, ein Radio, ein völlig verschmutzter Spiegel und ein Käfig aus Draht. Ungefähr zwanzig Zeitungen zu einem Paket verpackt lagen im Straßengraben. Ein Stück von einer zerrissenen Bettdecke hing von einer Kiefer. Die Schüler ärgerten sich, dass Leute so bequem sind und den Müll wild in der Natur entsorgen.

(75 Wörter, davon 32 GWS-Wörter oder davon abgeleitete Wörter)

Nachdenkstrategien

lang gesprochener i-Laut ➡ *ie:*
Spazierweg, Spiegel, Kiefer

ä/äu ➡ *verwandtes Wort mit a:*
räumen, Wälder, ärgern (arg)

Auslautverhärtung bei b,d,g ➡ *Verlängerung:*
Wald, weg, lag, Käfig, Zeitung, hing, wild, s.a.u.

silbentrennendes h ➡ *Verlängerung:*
Fernseher

Rückführung zur Grundform:
entdeckten, lag, verpackt, hing

kurzer Vokal und Mitlautverdoppelung, tz, ck:
letzte, Müll, entdeckten, Dreck, Flussbrücke, völlig verschmutzt, verpackt, Stück, zerrissen, Bettdecke

Nach l,n,r oder Doppellaut steht nie ck oder tz:
zwanzig

Wortbausteine: Nachsilbe -ig (Auslautverhärt.):
fleißig, völlig, zwanzig

orthografische Merkstellen

langes i, Schreibweise i bzw. ih:

Wörter mit ä ohne Ableitung:
Käfig, ungefähr

doppelter Vokal:
See

Dehnungs-h:
Draht, ungefähr

Wörter mit v/V:
völlig, verschmutzt, verpackt, von

Wörter mit ß:
fleißig, Straßen

ks-Laut bzw. z-Laut ts geschrieben:

besondere Wörter:
Spazierweg, Paket, bequem

Lückentext zum Andiktieren der Wörter zum Grundwortschatz

> **„Ramadama"**
>
> _____ Wochenende _____ _____ Schüler den
> _____ in _____, an _____ und auf _____
> weg. Sie _____ eine Menge _____. Unter einer
> _____ lag ein _____, ein _____, ein
> _____ _____ _____ und ein
> _____ aus _____. _____ zwanzig _____
> zu einem _____ _____ lagen im _____-graben.
> Ein _____ von einer _____ _____
> _____ von einer _____. Die Schüler _____ sich,
> dass Leute so _____ sind und den _____ _____ in der
> _____ entsorgen.

Lückentext zum Üben (Lückenwörter als Purzelwörter)

> **„Ramadama"**
>
> _____ (eeLsttz) Wochenende _____ (äemnrtu)
> _____ (eefgiilß) Schüler den _____ (llMü) in _____
> (ädelnrW), an _____ (eenS) und auf _____
> (aeeeginprSwz) weg. Sie _____ (cdeeeknntt) eine Menge
> _____ (cDekr). Unter einer _____ (bceFklrssüu) lag ein
> _____ (eeeFhnrrs), ein _____ (adioR), ein _____
> (gillöv) _____ (ceehmrrsttuvz) _____
> (eegilpS) und ein _____ (äfgiK) aus _____ (aDhrt). _____
> (äefghnrU) zwanzig _____ (eeginntuZ) zu einem _____
> (aekPt) _____ (acekprtv) lagen im _____-graben
> (aenrSßt). Ein _____ (ckStü) von einer _____
> (eeeinnrrssz) _____ (Bcdeeektt) _____ (ghin) von einer
> _____ (eefiKr). Die Schüler _____ (äeegnrrt) sich, dass
> Leute so _____ (beemqu) sind und den _____ (llMü) _____
> (dilw) in der _____ (aNrtu) entsorgen.

134

Thematik	**_Orientierung in Zeit und Raum - Geschichte_**

GWS-Wortschatz

Namenwörter: Christ, Gebäude, Geburt, Lied, Mitte (zus.ges. NW: Mittelalter, Mittelpunkt), Nähe, Nahrung(smittel), Raum, Spaß, Stadt, Straße

Zeitwörter: beginnen, hoffen, informieren, (be-)schließen (NW: Beschluss), setzen, vergessen, wechseln, (be-)zeichnen

Eigenschaftswörter: lang (längst), offen (öffentlich), wichtig

sonstige Wörter: ungefähr

nicht im GWS enthaltene Wörter: Besitzer, Bettler, Markt, Punkt, Rand, Sänger, unterhalten, Ware

Text

Lang ist es her, doch längst nicht vergessen

Das Mittelalter beginnt ungefähr 500 nach Christi Geburt und bezeichnet den Zeitraum bis etwa 1500 nach Christus. Mittelpunkt der Stadt war der Marktplatz. In seiner Nähe befanden sich die wichtigen öffentlichen Gebäude. Dort wurden die Leute über Beschlüsse informiert, wechselten Waren ihre Besitzer und unterhielten Sänger mit Liedern und Späßen. Bettler setzten sich an den Straßenrand und hofften auf Nahrungsmittel.

(66 Wörter, davon 23 GWS-Wörter oder davon abgeleitete Wörter)

Nachdenkstrategien

lang gesprochener i-Laut ➜ ie:
informiert, Lieder
ä/äu ➜ verwandtes Wort mit a:
längst, Nähe, Gebäude, Sänger, Späße
Auslautverhärtung bei b,d,g ➜ Verlängerung:
lang, befand, Sänger, Lieder, Rand, Nahrung
silbentrennendes h ➜ Verlängerung:
Nähe
Rückführung zur Grundform:
beginnt, setzten, hofften
kurzer Vokal und Mitlautverdoppelung, tz, ck:
vergessen, Mittelalter, beginnt, Mittelpunkt, öffentlich, Beschlüsse, Bettler, hofften, Mittel
Nach l,n,r oder Doppellaut steht nie ck oder tz:
Mittelpunkt, Marktplatz
Wortbausteine:

orthografische Merkstellen

langes i, Schreibweise i:

Wörter mit ä ohne Ableitung:
ungefähr (fahren)
doppelter Vokal:

Dehnungs-h:
ungefähr, Nahrungsmittel
Wörter mit v/V:
vergessen
Wörter mit ß:
Späße, Straßenrand
ks-Laut bzw. z-Laut ts geschrieben:
wechselten, längst
besondere Wörter:
Stadt, informiert

Lückentext zum Andiktieren der Wörter zum Grundwortschatz

_____ **ist es her, doch** _____ **nicht** _____

Das _____-alter _____ _____ 500 nach
_____ _____ und _____ den Zeit-_____
bis etwa 1500 nach _____. _____-punkt der _____
war der Marktplatz. In seiner _____ befanden sich die
_____ _____ _____. Dort wur-
den die Leute über _____ _____,
_____ Waren ihre Besitzer und unterhielten Sänger mit
_____ und _____. Bettler _____ sich an den
_____-rand und _____ auf _____.

Lückentext zum Üben (Lückenwörter als Purzelwörter)

_____ (agLn) **ist es her, doch** _____(äglnst) **nicht**
_____(eeegnrssv)

Das _____-alter (eilMtt) _____ (beginnt) _____
(äefghnru) 500 nach _____ (Chiirst) _____ (beGrtu) und
_____ (bceeehintz) den Zeit-_____ (amru) bis etwa
1500 nach _____ (Chirsstu). _____-punkt (eilMtt) der
_____ (adStt) war der Marktplatz. In seiner _____ (äehN)
befanden sich die _____ (ceghiintw) _____
(ceeffhilnnöt) _____ (äbdeeGu). Dort wurden die Leute über
_____ (Bceehlsssü) _____ (efiimnorrt),
_____ (ceeehlnstw) Waren ihre Besitzer und unterhielten
Sänger mit _____ (deeiLnr) und _____ (äenpSß). Bettler
_____ (eensttz) sich an den _____-rand (aenrSßt) und
_____ (effhnot) auf _____ (aeghilmNnrsttu).

136

Thematik	Der natürliche Kreislauf des Wassers

GWS-Wortschatz

Namenwörter: Beispiel, Brille, Feuchtigkeit, Fluss, Hitze (ZW: erhitzen), Nässe, Raum, See, Strom

Zeitwörter: beobachten, erklären, fließen, geschehen, gießen, lassen (zus.ges. EW: wasserdurchlässig), umkehren (umgekehrt)

Eigenschaftswörter: kühl, spät, tief, trocken

sonstige Wörter:

nicht im GWS enthaltene Wörter: Erdschichten, Glas, sichtbar, verdunsten, verschwinden, versickern, wenig, wieder

Text

Vom Wasser

Es gießt in Strömen, doch wenig später ist es wieder trocken.
Die Schüler beobachten und erklären, was mit dem Wasser geschieht: Es fließt in Seen und Flüsse und versickert tief in den wasserdurchlässigen Erdschichten. Durch Erhitzen verdunstet Wasser und Nässe und Feuchtigkeit verschwinden.
Umgekehrt kann man Wasser sichtbar machen, wenn man zum Beispiel mit kühlen Brillengläsern in einen warmen Raum kommt.
Die Brille beschlägt.

(66 Wörter, davon 20 GWS-Wörter oder davon abgeleitete Wörter)

Nachdenkstrategien

lang gesprochener i-Laut ➜ ie:
gießt, wieder, geschieht, fließt, tief, Beispiel

ä/äu ➜ verwandtes Wort mit a:
erklären, lässig, Nässe, Gläser, beschlägt

Auslautverhartung bei b,d,g ➜ Verlängerung:
wenig, lässig, Feuchtigkeit, beschlägt

silbentrennendes h ➜ Verlängerung:

Rückführung zur Grundform:
geschieht, kann, kommt, beschlägt

kurzer Vokal und Mitlautverdoppelung, tz, ck:
Wasser, trocken, Flüsse, versickert, lässig, erhitzen, Nässe, kann, wenn, kommt

Nach l,n,r oder Doppellaut steht nie ck oder tz:

Wortbausteine:
Vorsilbe ver- (s.o.)

orthografische Merkstellen

langes i, Schreibweise i:

Wörter mit ä ohne Ableitung:
später (evtl. bayr.: „spat")

doppelter Vokal:
See

Dehnungs-h:
geschieht, umgekehrt, kühl

Wörter mit v/V: vom, versickert, verdunstet, verschwindet

Wörter mit ß:
gießt, fließt

ks-Laut bzw. z-Laut ts geschrieben:

besondere Wörter:
Großschreibung nach durch:
durch Erhitzen

Lückentext zum Andiktieren der Wörter zum Grundwortschatz

Vom Wasser

Es _____ in _____, doch wenig _____ ist es wieder
_____ . Die Schüler _____ und
_____, was mit dem Wasser _____: Es
_____ in _____ und _____ und versickert _____ in
den wasserdurch-_____ Erdschichten. Durch _____
verdunstet Wasser und _____ und _____
verschwinden.

_____ kann man Wasser sichtbar machen, wenn man zum
_____ mit _____ _____-gläsern in einen warmen
_____ kommt. Die _____ beschlägt.

Lückentext zum Üben (Lückenwörter als Purzelwörter)

Vom Wasser

Es _____ (egißt) in _____ (emnörSt), doch wenig
_____ (äeprst) ist es wieder _____ (ceknort) . Die Schüler
_____ (abbceehnot) und _____ (äeeklnrr) , was
mit dem Wasser _____ (ceeghhist): Es _____ (efilßt) in
_____ (eenS) und _____ (eFlssü) und versickert _____ (efit)
in den wasserdurch-_____ (äegilnss) Erdschichten. Durch
_____ (Eehinrtz) verdunstet Wasser und _____ (äeNss)
und _____ (ceeFghiikttu) verschwinden.

_____ (eeghkmrtU) kann man Wasser sichtbar machen, wenn
man zum _____ (Beeiilps) mit _____ (ehklnü)
_____-gläsern (Beillnr) in einen warmen _____ (amRu) kommt.
Die _____ (Beillr) beschlägt.

138

<table>
<tr><td colspan="2"><u>Thematik</u> Wasser-Lebensraum für Tiere und Pflanzen</td></tr>
</table>

<u>GWS-Wortschatz</u>

<u>**Namenwörter:**</u>	Block, Fluss, Führung (Führer), Gewächs, Information, Natur, Quelle, Raum, See, Strom (EW: stromlinienförmig)
<u>**Zeitwörter:**</u>	bauen (zus.ges. NW: Körperbau), beißen, beobachten, entdecken, hängen, kennen(-lernen), (be-)nützen, (an-)passen, skizzieren, wachsen, zeichnen, ziehen
<u>**Eigenschaftswörter:**</u>	besser (bestens), feucht, kräftig, nah
<u>**sonstige Wörter:**</u>	anders (andere), plötzlich, während

<u>**nicht im GWS enthaltene Wörter:**</u> Angler, Fisch, Form, Haken, Leine, Linie, Wurm

<u>Text</u>

Wasser als Lebensraum

Während ein Angler einen Wurm an einen Haken hängt, beobachten die Schüler die Tiere am See. Sie entdecken, dass die Fische mit ihrem stromlinienförmigen Körperbau bestens an das Leben im Wasser angepasst sind. Plötzlich beißt ein Fisch an und zieht kräftig an der Leine. Die Schüler benützen Naturführer und andere Informationsquellen um die Namen der Gewächse am nahen Fluss kennenzulernen. Sie zeichnen und skizzieren viele Pflanzen, die nur auf feuchtem Boden wachsen, auf den Block.

(78 Wörter, davon 29 GWS-Wörter oder davon abgeleitete Wörter)

<u>Nachdenkstrategien</u>	<u>orthografische Merkstellen</u>
lang gesprochener i-Laut ➡ *ie:* Tiere, zieht, skizzieren, viele	*langes i, Schreibweise i bzw. ih:* ihre
ä/äu ➡ *verwandtes Wort mit a:* hängt, kräftig, Gewächse	*Wörter mit ä ohne Ableitung:* während
Auslautverhärtung bei b,d,g ➡ *Verlängerung:* während, hängt, kräftig	*doppelter Vokal:* See
silbentrennendes h ➡ *Verlängerung:* nahen	*Dehnungs-h:* während, zieht, Naturführer
Rückführung zur Grundform: hängt, angepasst, beißt, zieht	*Wörter mit v/V:* viele
kurzer Vokal und Mitlautverdoppelung, tz, ck: Wasser, entdecken, angepasst, plötzlich, benützen, Quelle, Fluss, kennen, Block	*Wörter mit ß:* beißt
Nach l,n,r oder Doppellaut steht nie ck oder tz: Pflanze	*ks-Laut bzw. z-Laut ts geschrieben:* Gewächse, wachsen / Informationsquelle
Wortbausteine:	*besondere Wörter:* Haken, stromlinienförmig, Informationsquelle, skizzieren

Lückentext zum Andiktieren der Wörter zum Grundwortschatz

Wasser als Lebens-_____

_____ ein Angler einen Wurm an einen Haken _____,
_____ die Schüler die Tiere am _____. Sie
_____, dass die Fische mit ihrem _____-linienförmigen
Körper-_____ _____ an das Leben im Wasser
_____ sind. _____ _____ ein Fisch an
und _____ _____ an der Leine. Die Schüler
_____ _____ und _____
_____ um die Namen der _____
am _____ _____ _____. Sie
_____ und _____ viele Pflanzen, die nur auf
_____ Boden _____, auf den _____.

Lückentext zum Üben (Lückenwörter als Purzelwörter)

Wasser als Lebens-_____(amru)

_____ (ädehnrW) ein Angler einen Wurm an einen Haken
_____ (äghnt), _____ (abbceehnot) die Schüler die
Tiere am _____ (eeS). Sie _____ (cdeeeknnt), dass die Fische mit ihrem _____-linienförmigen (morst) Körper-_____ (abu)
_____ (beensst) an das Leben im Wasser _____
(aaegnpsst) sind. _____ (chillPötz) _____ (beißt) ein Fisch
an und _____ (ehitz) _____ (äfgikrt) an der Leine. Die Schüler
_____ (beenntüz) _____ (aefhNrrrtuü)
und_____ (adeenr) _____
(aeeflillmnnnooqrstu) um die Namen der _____ (äceeGhsw) am
_____ (aehnn) _____ (Flssu) _____
(eeeeklnnnnnruz). Sie _____ (ceehinnz) und _____
(eeiiknrszz) viele Pflanzen, die nur auf _____ (ceefhmtu) Boden
_____ (acehnsw), auf den _____ (Bcklo).

140

Thematik	*Leben mit der Natur - Abwasser*

GWS-Wortschatz

Namenwörter: Dreck, Gemeinde, Mitte (Mittel), Schmutz, Skizze, Stadt, Stoff, Verschmutzung, Ziel

Zeitwörter: beginnen (NW: Beginn), fließen, schützen, setzen, (auf-)zeichnen

Eigenschaftswörter: bereit (ZW: aufbereiten), deutlich, klar (zus.ges. NW: Kläranlage), schmutzig, vorsichtig

sonstige Wörter: schließlich, zuletzt

nicht im GWS enthaltene Wörter: Abwasser, Umgang, Vorgang

Text

Abwasseraufbereitung

Das schmutzige Abwasser fließt in die Kläranlagen der Gemeinden und Städte und muss dort gereinigt werden.
Auf einer Skizze ist der Vorgang deutlich aufgezeichnet:
Zu Beginn setzen sich Dreck und Schmutzstoffe ab. Schließlich wird das Wasser mit verschiedenen Mitteln aufbereitet. Zuletzt wird das Wasser belebt.
Unser Ziel muss es sein Wasser vor Verschmutzung zu schützen und vorsichtig im Umgang mit Wasser zu sein.

(64 Wörter, davon 21 GWS-Wörter oder davon abgeleitete Wörter)

Nachdenkstrategien

lang gesprochener i-Laut → ie:
fließt, schließlich, verschieden, Ziel
ä/äu → verwandtes Wort mit a:
Kläranlage, Städte
Auslautverhärtung bei b,d,g → Verlängerung:
gereinigt, Vorgang, wird, belebt, Umgang
silbentrennendes h → Verlängerung:

Rückführung zur Grundform:
gereinigt, wird, belebt
kurzer Vokal und Mitlautverdoppelung, tz, ck:
Abwasser, schmutzig, muss, Beginn, setzen,
Dreck, Schmutzstoffe, Mittel, zuletzt, schützen
Nach l,n,r oder Doppellaut steht nie ck oder tz:

Wortbausteine: Nachsilben -ig, -ung (Verhärt.):
Aufbereitung, Verschmutzung, schmutzig, vorsichtig

orthografische Merkstellen

langes i, Schreibweise i:

Wörter mit ä ohne Ableitung:

doppelter Vokal:

Dehnungs-h:

Wörter mit v/V: Vorgang, verschieden
Verschmutzung, vorsichtig
Wörter mit ß:
fließt, schließlich
ks-Laut bzw. z-Laut ts geschrieben:

besondere Wörter:
Städte, Skizze

Lückentext zum Andiktieren der Wörter zum Grundwortschatz

Abwasser-_____

Das _____ Abwasser _____ in die _____-anlagen

der _____ und _____ und muss dort gereinigt

werden.

Auf einer _____ ist der Vorgang _____

_____:

Zu _____ _____ sich _____ und _____-

_____ ab. _____ wird das Wasser mit verschiedenen

_____ _____. _____ wird das

Wasser belebt.

Unser _____ muss es sein Wasser vor _____ zu

_____ und _____ im Umgang mit Wasser zu

sein.

Lückentext zum Üben (Lückenwörter als Purzelwörter)

Abwasser-_____(abeefginrtuu)

Das _____ (ceghimstuz) Abwasser _____ (efilßt) in die

_____-anlagen (äKlr) der _____ (deeeGimnn) und

_____ (ädeStt) und muss dort gereinigt werden.

Auf einer _____ (eikSzz) ist der Vorgang _____ (cdehiltu)

_____ (aceeefghintuz):

Zu _____ (Beginn) _____ (eenstz) sich _____ (cDekr)

und _____ (ceffhmoSsttuz) ab.

_____ (ccehhiillSß) wird das Wasser mit verschiedenen

_____ (eilMntt) _____ (abeeefirttu).

_____ (eluttZz) wird das Wasser belebt.

Unser _____ (eilZ) muss es sein Wasser vor _____

(ceghmnrstuuVz) zu _____ (cehnstüz) und _____

(cghiiorstv) im Umgang mit Wasser zu sein.

Thematik	$\mathcal{D}ie$ $\mathcal{E}ntwicklung$ des $\mathcal{M}enschen$

GWS-Wortschatz

Namenwörter: Freiheit, Gefühl, Geheimnis, Kuss, Nähe

Zeitwörter: empfinden (NW: Empfindung), erzählen, kennen, (zu-)lassen, (ver-)raten, (ver-)schließen (EW: verschlossen), (be-)stimmen

Eigenschaftswörter: offen, richtig, wichtig

sonstige Wörter: anders (andere), entgegen, jemand, niemand, während

nicht im GWS enthaltene Wörter: jede, Mensch, selbst

Text

Ich bin ich

Jeder Mensch ist <u>anders</u>. <u>Während</u> der eine <u>offen</u> auf <u>andere</u> zugeht, ist der <u>andere</u> <u>verschlossen</u>. Es ist <u>wichtig</u>, <u>jemanden</u> zu <u>kennen</u>, dem man seine <u>Gefühle</u> <u>erzählen</u> kann und der ein <u>Ge-heimnis</u> nicht <u>verrät</u>. Jeder hat die <u>Freiheit</u> über die körperliche <u>Nähe</u>, die man <u>zulassen</u> will, selbst zu <u>bestimmen</u>. So ist es <u>rich-tig</u>, <u>niemandem</u> <u>entgegen</u> seiner <u>Empfindungen</u> einen <u>Kuss</u> zu geben.

(63 Wörter, davon 20 GWS-Wörter oder davon abgeleitete Wörter)

Nachdenkstrategien

lang gesprochener i-Laut ➜ *ie:*
niemandem

ä/äu ➜ *verwandtes Wort mit a:*
erzählen, verrät, Nähe

Auslautverhärtung bei b,d,g ➜ *Verlängerung:*
während, wichtig, jemand, richtig, niemand, Empfindung

silbentrennendes h ➜ *Verlängerung:*
Nähe

Rückführung zur Grundform:
zugeht (h!), verrät

kurzer Vokal und Mitlautverdoppelung, tz, ck:
offen, verschlossen, kennen, kann, zulassen, will, bestimmen, Kuss

Nach l,n,r oder Doppellaut steht nie ck oder tz:

Wortbausteine: Vorsilben bei ZW:
be-, er-, ver-, zu

orthografische Merkstellen

langes i, Schreibweise i:

Wörter mit ä ohne Ableitung:
während

doppelter Vokal:

Dehnungs-h:
während, zugeht, Gefühl, erzählen

Wörter mit v/V:
verschlossen, verrät

Wörter mit ß:

ks-Laut bzw. z-Laut ts geschrieben:

besondere Wörter:

143

Lückentext zum Andiktieren der Wörter zum Grundwortschatz

Ich bin ich

Jeder Mensch ist _____. _____ der eine _____ auf _____ zugeht, ist der _____ _____. Es ist _____, _____ zu _____, dem man seine _____ _____ kann und der ein _____ nicht _____. Jeder hat die _____ über die körperliche _____, die man _____ will, selbst zu _____. So ist es _____, _____ _____ seiner _____ einen _____ zu geben.

Lückentext zum Üben (Lückenwörter als Purzelwörter)

Ich bin ich

Jeder Mensch ist _____ (adenrs). _____ (ädehnrW) der eine _____ (effno) auf _____ (adeenr) zugeht, ist der _____ (adeenr) _____ (ceehlnorsssv). Es ist _____ (cghiitw), _____ (adeejmnn) zu _____ (eeknnn), dem man seine _____ (eefGhlü) _____ (äeehlnrz) kann und der ein _____ (eeGhiimns) nicht _____ (äerrtv). Jeder hat die _____ (eeFhiirt) über die körperliche _____ (äehN), die man _____ (aelnssuz) will, selbst zu _____ (beeimmnst). So ist es _____ (cghiirt), _____ (adieemnnn) _____ (eeeggnnt) seiner _____ (dEefgimnnnpu) einen _____ (Kssu) zu ge-ben.

144

Thematik	*Die Entwicklung des Menschen*

GWS-Wortschatz

Namenwörter: Beispiel, Entwicklung, Fröhlichkeit, Gefühl, Geruch, Ruhe

Zeitwörter: (ver-)ändern, beginnen (NW: Beginn), gewinnen, kennen (NW: Kenntnis), schwitzen, (auseinander-)setzen, streiten, träumen, wachsen, wechseln

Eigenschaftswörter: empfindlich, jung, mehr, schrecklich, schwierig, stark, tief (hier: zutiefst), wichtig

sonstige Wörter: außen (außerdem), plötzlich

nicht im GWS enthaltene Wörter: Brust, Mensch, Reifezeit, Traurigkeit

Text

Wir **verändern** uns

Junge Menschen sollten Kenntnisse über ihre Entwicklung gewinnen. Mit Beginn der Reifezeit verändert sich der Körper. So wächst zum Beispiel die Brust. Man schwitzt mehr und es kommt zu einer stärkeren Geruchsbildung. Außerdem streiten sich die Gefühle. Fröhlichkeit wechselt plötzlich mit schrecklicher Traurigkeit und man träumt von Ruhe. Manchmal ist man zutiefst empfindlich. In dieser schwierigen Zeit ist es wichtig sich mit seinen Gefühlen auseinanderzusetzen.

(68 Wörter, davon 26 GWS-Wörter oder davon abgeleitete Wörter)

Nachdenkstrategien

lang gesprochener i-Laut ➜ ie:
Beispiel, zutiefst, diese, schwierige

ä/äu ➜ verwandtes Wort mit a:
verändern, wächst, stärker, träumt

Auslautverhärtung bei b,d,g ➜ Verlängerung:
jung, Entwicklung, Bildung, empfindlich, s.a.u.

silbentrennendes h ➜ Verlängerung:
Ruhe

Rückführung zur Grundform:
sollten, wächst, schwitzt, kommt, träumt

kurzer Vokal und Mitlautverdoppelung, tz, ck:
sollten, Kenntnisse, Entwicklung, gewinnen, Beginn, schwitzt, kommt, plötzlich, schrecklich, setzen

Nach l,n,r oder Doppellaut steht nie ck oder tz:
stärker

Wortbausteine: Nachsilbe -ig (Auslautverh.):
traurig, schwierig, wichtig ; *Nachsilbe -lich (EW) und -keit (NW)*

orthografische Merkstellen

langes i, Schreibweise i bzw. ih:
ihre

Wörter mit ä ohne Ableitung:

doppelter Vokal:

Dehnungs-h:
mehr, Gefühl, Fröhlichkeit

Wörter mit v/V:
verändern

Wörter mit ß:

ks-Laut bzw. z-Laut ts geschrieben:
wächst, wechseln

besondere Wörter:

Lückentext zum Andiktieren der Wörter zum Grundwortschatz

Wir _____ uns
_____ Menschen sollten _____ über ihre
_____ _____. Mit _____ der Reifezeit _____ sich der Körper. So _____ zum
_____ die Brust. Man _____ _____ und es
kommt zu einer _____ _____-bildung.
_____ _____ sich die _____.
_____ _____ _____ mit
_____ Traurigkeit und man _____ von
_____. Manchmal ist man _____ _____. In
dieser _____ Zeit ist es _____ sich mit seinen
_____ auseinanderzu-_____.

Lückentext zum Üben (Lückenwörter als Purzelwörter)

Wir _____ (ädeennrrv) uns
_____ (egJnu) Menschen sollten _____ (eeiKnnnsst)
über ihre _____ (cEgiklnntuw) _____
(eeginnnw). Mit _____ (Beginn) der Reifezeit _____
(ädeenrrtv) sich der Körper. So _____ (ächstw) zum
_____ (Beeiilps) die Brust. Man _____ (chisttwz)
_____ (ehmr) und es kommt zu einer _____ (äeeknrrst)
_____-bildung (ceGhrsu). _____ (Adeemrßu)
_____ (eeinrstt) sich die _____ (eefGhlü).
_____ (ceFhhiiklört) _____ (ceehlstw)
_____ (chillpötz) mit _____ (cccceehhiklrrs)
Traurigkeit und man _____ (ämrttu) von _____ (ehRu). Manchmal ist man _____ (efisttuz) _____ (cdefhiilmnp).
In dieser _____ (ceeghiinrsw) Zeit ist es _____
(cghiitw) sich mit seinen _____ (eefGhlnü) auseinanderzu-
_____ (eenstz).

146

Thematik	*Verkehrserziehung*

GWS-Wortschatz

Namenwörter:	Bahn, Fehler, Kreuzung, Schwierigkeit, Straße, Verletzung, Vorfahrt
Zeitwörter:	(ab-)biegen, blicken, erlauben, führen, überqueren, umkehren, verbieten
Eigenschaftswörter:	besser, gefährlich, schrecklich, vorsichtig, wichtig
sonstige Wörter:	entgegen, links, mehr(mals), ohne, rechts, zurück

nicht im GWS enthaltene Wörter: besonders, Fußgänger, Regel, Richtung, Zeichen

Text

Wichtige Verkehrsregeln

Es ist verboten in einer Einbahnstraße umzukehren und entgegen der erlaubten Richtung zu fahren. An einer Kreuzung ohne Verkehrszeichen hat Vorfahrt, wer von rechts kommt. Das Abbiegen nach links ist gefährlich. Man muss besonders vorsichtig sein und mehrmals zurückblicken. Als Fußgänger überquert man die Straße besser und ohne Schwierigkeit an einer Ampel. Fehler im Straßenverkehr können zu schrecklichen Verletzungen führen.

(62 Wörter, davon 25 GWS-Wörter oder davon abgeleitete Wörter)

Nachdenkstrategien

lang gesprochener i-Laut ➜ *ie:*
abbiegen, Schwierigkeit
ä/äu ➜ *verwandtes Wort mit a:*
gefährlich, Fußgänger
Auslautverhärtung bei b,d,g ➜ *Verlängerung:*
wichtig, erlaubt, vorsichtig, Fußgänger, schwierig (s.u.)
silbentrennendes h ➜ *Verlängerung:*

Rückführung zur Grundform:
erlaubt, kommt
kurzer Vokal und Mitlautverdopplung, tz, ck:
kommt, muss, zurückblicken, besser, können, schrecklich, Verletzung
Nach l,n,r oder Doppellaut steht nie ck oder tz:
Kreuzung
Wortbausteine: Nachsilbe -ung (Auslautverhärt.):
Richtung, Kreuzung, Verletzung

orthografische Merkstellen

langes i, Schreibweise i:

Wörter mit ä ohne Ableitung:

doppelter Vokal:

Dehnungs-h: Verkehr, umkehren, fahren
Vorfahrt, gefährlich, mehr, Fehler, führen
Wörter mit v/V: verboten, Verkehr,
Vorfahrt, vorsichtig, Verletzung
Wörter mit ß:
Straße, Fußgänger
ks-Laut bzw. z-Laut ts geschrieben:
links, rechts
besondere Wörter:
Großschreibung von ZW nach Artikel:
das Abbiegen

Lückentext zum Andiktieren der Wörter zum Grundwortschatz

_____ **Verkehrsregeln**

Es ist _____ in einer _____

_____ und _____ der

_____ Richtung zu fahren. An einer _____

ohne Verkehrszeichen hat _____, wer von _____

kommt. Das _____ nach _____ ist

_____. Man muss besonders _____

sein und _____ _____. Als

Fußgänger _____ man die _____ _____

und _____ _____ an einer Ampel.

_____ im _____-verkehr können zu

_____ _____

_____.

Lückentext zum Üben (Lückenwörter als Purzelwörter)

_____ (ceghiitW) **Verkehrsregeln**

Es ist _____ (beenortv) in einer _____

(aabEehinnrsßt) _____ (eehkmnruuz) und

_____ (eeeggnnt) der _____ (abeelnrtu) Rich-

tung zu fahren. An einer _____ (egKnruuz) ohne Verkehrszei-

chen hat _____ (afhorrtV), wer von _____ (cehrst)

kommt. Das _____ (Abbeeign) nach _____ (kilns) ist

_____ (äcefghhilr). Man muss besonders

_____ (cghiiorstv) sein und _____

(aehlmmrs) _____ (bcceikklnruüz). Als Fußgän-

ger _____ (beeqrrtüu) man die _____ (aerSßt)

_____ (beerss) und _____ (ehno)

_____ (ceeghiiikrStw) an einer Ampel.

_____ (eeFhlr) im _____-verkehr (aenrSßt) können zu

_____ (cccehhiklnrs) _____

(eeeglnnrtuVz) _____ (efhnrü).

Thematik	*Verkehrserziehung - Bericht (srftl.Spg.)*

GWS-Wortschatz

Namenwörter: Bahn, Brücke, Fluss, Glück, Lehrer, Mittag, Schreck, Straße, Zeitung

Zeitwörter: (an-)hängen, informieren, verletzen

Eigenschaftswörter: besetzt, deutlich, empfindlich, schrecklich, tief, voll

sonstige Wörter: mehr (mehrere), niemand, ungefähr

nicht im GWS enthaltene Wörter: durchbrechen, Meter, Schaden, Schiene, stürzen, Unfall, Wagen

Text

Schrecklicher Unfall

Die Zeitung informierte: Eine mit ungefähr 100 Schülern und Lehrern voll besetzte Straßenbahn durchbrach am Mittag eine Brücke. Dabei stürzte sie vier Meter tief in einen Fluss. Mehrere Lehrer und Schüler wurden empfindlich verletzt. Zum Glück blieb ein angehängter Wagen auf den Schienen, so dass dort niemand zu Schaden kam. Doch den Schreck sah man allen deutlich an.

(60 Wörter, davon 21 GWS-Wörter oder davon abgeleitete Wörter)

Nachdenkstrategien

lang gesprochener i-Laut ➡ *ie:* informierte, vier, tief, blieb, Schiene, niemand

ä/äu ➡ *verwandtes Wort mit a:* angehängt

Auslautverhärtung bei b,d,g ➡ *Verlängerung:* Zeitung, Mittag, blieb, angehängt, niemand

silbentrennendes h ➡ *Verlängerung:* sehen

Rückführung zur Grundform: besetzt, stürzte, verletzt, blieb, sah

kurzer Vokal und Mitlautverdoppelung, tz, ck: schrecklich, Unfall, voll, besetzt, Mittag, Brücke, Fluss, verletzt, Glück, Schreck, alle

Nach l,n,r oder Doppellaut steht nie ck oder tz: stürzte

Wortbausteine:

orthografische Merkstellen

langes i, Schreibweise i bzw. ih:

Wörter mit ä ohne Ableitung: ungefähr (fahren)

doppelter Vokal:

Dehnungs-h: ungefähr, Lehrer, Straßenbahn, mehrere, sah

Wörter mit v/V: voll, vier, verletzt

Wörter mit ß: Straßenbahn

ks-Laut bzw. z-Laut ts geschrieben:

besondere Wörter: informierte

Lückentext zum Andiktieren der Wörter zum Grundwortschatz

_____ **Unfall**

Die _____ _____: Eine mit _____

100 Schülern und _____ _____ _____

_____ durchbrach am _____ eine

_____. Dabei stürzte sie vier Meter _____ in einen

_____. _____ _____ und Schüler wurden

_____ _____. Zum _____ blieb

ein _____ Wagen auf den Schienen, so dass dort

_____ zu Schaden kam. Doch den _____ sah man

allen _____ an.

Lückentext zum Üben (Lückenwörter als Purzelwörter)

_____ (ccceehhiklrrS) **Unfall**

Die _____ (egintuZ) _____ (eefiimnorrt): Eine mit
_____ (äefghnru) 100 Schülern und _____ (eehLnrr)
_____ (llov) _____ (beeesttz) _____
(aabehnnrSßt) durchbrach am _____ (agiMtt) eine
_____ (Bcekrü). Dabei stürzte sie vier Meter _____ (efit) in einen _____ (Flssu). _____ (eeehMrr) _____ (eehLrr)
und Schüler wurden _____ (cdefhiilmnp)
_____ (eelrttvz). Zum _____ (cGklü) blieb ein
_____ (aäeegghnnrt) Wagen auf den Schienen, so dass
dort _____ (adeimnn) zu Schaden kam. Doch den
_____ (ccehkrS) sah man allen _____ (cdehiltu) an.

150

Thematik	*Mathematik und Computer*

GWS-Wortschatz

Namenwörter:	Ecke, Fehler, Gesetz, Kreuz, Nummer, Rätsel, Schwierigkeit, Skizze, Spiegel
Zeitwörter:	drehen (NW: Drehung), entdecken, erklären, lassen, nützen, schaffen, (ver-)schieben, umkehren, wissen, zeichnen
Eigenschaftswörter:	klar (ZW: klären), wichtig
sonstige Wörter:	letzte, links, rechts, schließlich, ungefähr
nicht im GWS enthaltene Wörter:	beste, damit, darauf, erste, halb, manche, Mathematik, nächste

Text

Mathematikarbeit

Bei der ersten Nummer sind bei einem Spiegelbild Fehler zu entdecken. Bei der nächsten Aufgabe wird ein Kreuz um eine halbe Drehung nach rechts gedreht. Darauf muss es in die linke Ecke des Blattes verschoben werden. Schließlich müssen die Kinder Rechengesetze erklären. Bei der Sachaufgabe ist es wichtig, eine ungefähre Skizze zu zeichnen. Damit lässt sich manche Schwierigkeit klären. Es nützt herauszufinden, was man weiß. Das Zahlenrätsel der letzten Aufgabe schafft man am besten, wenn man die Aufgabe umkehrt.

(80 Wörter, davon 26 GWS-Wörter oder davon abgeleitete Wörter)

Nachdenkstrategien

lang gesprochener i-Laut ➜ *ie:*
Spiegelbild, schließlich, Schwierigkeit
ä/äu ➜ *verwandtes Wort mit a:*
nächsten (nah), (er-)klären, lässt, Rätsel
Auslautverhärtung bei b,d,g ➜ *Verlängerung:*
Bild, sind, wird, halb, Drehung, Kind, wichtig
silbentrennendes h ➜ *Verlängerung:*

Rückführung zur Grundform:
wird, muss, lässt, nützt, schafft
kurzer Vokal und Mitlautverdopplung, tz, ck:
Nummer, entdecken, muss, Ecke, Blatt, müssen
Gesetze, Skizze, lässt, nützt, letzte, schafft, wenn
Nach l,n,r oder Doppellaut steht nie ck oder tz:
Kreuz, linke
Wortbausteine:

orthografische Merkstellen

langes i, Schreibweise i bzw. ih:

Wörter mit ä ohne Ableitung:
ungefähr (evtl. fahren)
doppelter Vokal:

Dehnungs-h: Fehler, Drehung,
gedreht, ungefähr, Zahl, umkehren
Wörter mit v/V:
verschoben
Wörter mit ß:
schließlich, weiß
ks-Laut bzw. z-Laut ts geschrieben:
rechts, Rätsel
besondere Wörter:
Mathematik, Skizze

151

Lückentext zum Andiktieren der Wörter zum Grundwortschatz

Mathematikarbeit

Bei der ersten _____ sind bei einem _____-bild

_____ zu _____. Bei der nächsten Aufgabe wird ein

_____ um eine halbe _____ nach _____

_____. Darauf muss es in die _____ _____ des Blat-

tes _____ werden. _____ müssen die Kinder

Rechen-_____ _____. Bei der Sachaufgabe ist

es _____, eine _____ _____ zu

_____. Damit _____ sich manche

_____ _____. Es _____ herauszu-

finden, was man _____. Das Zahlen-_____ der _____

Aufgabe _____ man am besten, wenn man die Aufgabe

_____.

Lückentext zum Üben (Lückenwörter als Purzelwörter)

Mathematikarbeit

Bei der ersten _____ (emmNru) sind bei einem _____-bild

(eegilpS) _____ (eeFhlr) zu _____ (cdeeeknnt). Bei der

nächsten Aufgabe wird ein _____ (eKruz) um eine halbe

_____ (Deghnru) nach _____ (cehrst) _____

(deeghrt). Darauf muss es in die _____ (eikln) _____ (cEek) des

Blattes _____ (bceehnrosv) werden. _____

(ccehhiillSß) müssen die Kinder Rechen-_____(eeegstz)

_____ (äeeklnrr). Bei der Sachaufgabe ist es _____

(cghiitw), eine _____ (äeefghnru) _____ (eikSzz) zu

_____ (ceehinnz). Damit _____ (älsst) sich manche

_____ (ceeghiiikrStw) _____ (äeklnr). Es

_____(nttüz) herauszufinden, was man _____ (eißw). Das Zahlen-

_____ (äelrst) der _____ (eelnttz) Aufgabe _____

(acffhst) man am besten, wenn man die Aufgabe _____

(ehkmrtu).

Thematik	*Mathematik und Computer*

GWS-Wortschatz

Namenwörter:	Beispiel, Diskette, Fehler, Lehrer, Programm, Qual, Rätsel, Schreck, Schwierigkeit, Skizze, Spaß
Zeitwörter:	entdecken, erklären, gewinnen, schaffen, stimmen, verlieren, zeichnen (NW: Zeichnung)
Eigenschaftswörter:	ähnlich, bereit (ZW: bereiten), deutlich, klar (NW: Klarheit), nützlich
sonstige Wörter:	bestimmt, bloß, eigentlich, schließlich, tausend

nicht im GWS enthaltene Wörter: jede, Mathematik, Sicherheit, wenig

Text

Es gibt Hilfe

Das Fach Mathematik bereitete Doris Schwierigkeiten. Jede Stunde war eine Qual. Schließlich gab ihr der Lehrer ein Lernprogramm auf Diskette.
Mit Skizzen und Zeichnungen sind die Aufgaben deutlich erklärt. So verlieren sie ihren Schrecken. Tausende ähnlicher Beispiele schaffen Klarheit.
Doris gewinnt an Sicherheit und macht bloß noch wenig Fehler.
Mit Rätseln entdeckt Doris, dass es stimmt: Mathematik macht eigentlich Spaß und ist bestimmt nützlich.

(67 Wörter, davon 28 GWS-Wörter oder davon abgeleitete Wörter)

Nachdenkstrategien

lang gesprochener i-Laut → *ie:* Schwierigkeit, schließlich, verlieren, Beispiel
ä/äu → *verwandtes Wort mit a:*
erklärt, ähnlich, Rätsel
Auslautverhärtung bei b,d,g → *Verlängerung:*
Schwierigkeit, gab, Zeichnung, tausend, wenig
silbentrennendes h → *Verlängerung:*

Rückführung zur Grundform:
gab, erklärt, gewinnt, entdeckt, stimmt
kurzer Vokal und Mitlautverdoppelung, tz, ck:
Lernprogramm, Diskette, Skizze, Schrecken, schaffen, gewinnt, entdeckt, (be-)stimmt, nützlich
Nach l,n,r oder Doppellaut steht nie ck oder tz:

Wortbausteine: Nachsilben -ung,-heit,-keit (NW)

orthografische Merkstellen

langes i, Schreibweise i bzw. ih:

Wörter mit ä ohne Ableitung:

doppelter Vokal:

Dehnungs-h:
Lehrer, ähnlich, Fehler
Wörter mit v/V:
verlieren
Wörter mit ß:
schließlich, bloß, Spaß
ks-Laut bzw. z-Laut ts geschrieben:
Rätsel
besondere Wörter:
Mathematik, Qual, Programm, Diskette
Skizze

Lückentext zum Andiktieren der Wörter zum Grundwortschatz

Es gibt Hilfe

Das Fach Mathematik _____ Doris

_____. Jede Stunde war eine _____.

_____ gab ihr der _____ ein Lern-_____

auf _____.

Mit _____ und _____ sind die Aufgaben

_____ _____. So _____ sie ihren

_____. _____ _____

_____ _____ _____.

Doris _____ an Sicherheit und macht _____ noch wenig

_____. Mit _____ _____ Doris, dass es

_____: Mathematik macht _____ _____ und ist

_____ _____.

Lückentext zum Üben (Lückenwörter als Purzelwörter)

Es gibt Hilfe

Das Fach Mathematik _____ (beeeeirtt) Doris

_____ (ceeehgiiiknrStw). Jede Stunde war eine

_____ (alQu). _____ (ccehhiillSß) gab ihr der

_____ (eehLrr) ein Lern-_____(agmmoprr) auf

_____ (Deeikstt).

Mit _____ (eiknSzz) und _____ (ceeghinnnuZ)

sind die Aufgaben _____ (cdehiltu) _____ (äeklrrt). So

_____ (eeeilnrrv) sie ihren _____ (cceehknrS).

_____ (adeensTu) _____ (äcehhilnr)

_____ (Beeeiilps) _____ (aceffhns)

_____ (aehiKlrt).

Doris _____ (eginntw) an Sicherheit und macht _____ (bloß)

noch wenig _____ (eeFhlr). Mit _____ (äelnRst)

_____ (cdeekntt) Doris, dass es _____ (immstt): Mathema-

tik macht _____ (ceeghiilnt) _____ (apSß) und ist

_____ (beimmstt) _____ (chilntüz).

154

Thematik	*Kunstunterricht*

GWS-Wortschatz

Namenwörter: Block, Ecke, Land, Laub, Stoff, Strauß, Skizze, Unterricht, Vase

Zeitwörter: erleben, mixen, packen, (ver-)rühren, sammeln, setzen, skizzieren, stürmen, vereinen, wachsen (NW: Wuchs), zeichnen

Eigenschaftswörter: dreckig, hart, natürlich, vorsichtig

sonstige Wörter: anders (hier: andere), bisschen, draußen, mehr (mehrere), schließlich, ungefähr, während

nicht im GWS enthaltene Wörter: Bleistift, Erde, Farbe, Pausenhof

---

Text

Kunstunterricht

Die Schüler <u>packen</u> ihre <u>Skizzenblöcke</u> und <u>stürmen</u> nach <u>draußen</u>. Sie <u>setzen</u> sich <u>vereint</u> in eine <u>Ecke</u> des Pausenhofs. Mit nicht zu hartem Bleistift <u>skizzieren</u> sie die Landschaft ein <u>bisschen</u> auf. <u>Während</u> die einen <u>ungefähr</u> die <u>Wuchs</u>form der <u>Laub</u>bäume <u>zeich</u>-<u>nen</u>, malen <u>andere</u> Blumen<u>sträuße</u> in einer <u>Vase</u> auf. <u>Schließlich</u> <u>sammeln</u> sie <u>mehrere</u> <u>Stoffe</u> für die Farben. Blätter und Früchte werden <u>vorsichtig gemixt</u> und Erde <u>verrührt</u>. Die Schüler <u>erleben</u>, dass die Farben nicht <u>dreckig</u> sind, sondern <u>natürliche</u> Töne erge-ben.

(77 Wörter, davon 31 GWS-Wörter oder davon abgeleitete Wörter)

Nachdenkstrategien

lang gesprochener i-Laut ➔ *ie:*
skizzieren, sie, schließlich

ä/äu ➔ *verwandtes Wort mit a:*
Bäume, Sträuße, Blätter

Auslautverhärtung bei b,d,g ➔ *Verlängerung:*
Landschaft, während, Laub, vorsichtig, dreckig

silbentrennendes h ➔ *Verlängerung:*

Rückführung zur Grundform:

kurzer Vokal und Mitlautverdoppelung, tz, ck:
packen, Skizze, setzen, Ecke, skizzieren, biss-chen, sammeln, Stoff, Blätter, dass, dreckig
Nach l,n,r oder Doppellaut steht nie ck oder tz:

Wortbausteine:

orthografische Merkstellen

langes i, Schreibweise i bzw. ih:
ihre

Wörter mit ä ohne Ableitung:
während, ungefähr (evtl. fahren)

doppelter Vokal:

Dehnungs-h:
während, ungefähr, mehrere, verrührt

Wörter mit v/V:
vereint, Vase, vorsichtig, verrührt

Wörter mit ß:
draußen, Sträuße

ks-Laut bzw. z-Laut ts geschrieben:
Wuchs, gemixt

besondere Wörter:
Skizze, skizzieren, Vase

Lückentext zum Andiktieren der Wörter zum Grundwortschatz

Kunst-_____

Die Schüler _____ ihre _____ und

_____ nach _____. Sie _____ sich

_____ in eine _____ des Pausenhofs. Mit nicht zu

_____ Bleistift _____ sie die

_____ ein _____ auf. _____ die

einen _____ die _____-form der _____-bäume

_____, malen _____ Blumen-_____ in

einer _____ auf. _____ _____ sie

_____ _____ für die Farben. Blätter und Früchte wer-

den _____ _____ und Erde

_____. Die Schüler _____ , dass die Farben nicht

_____ sind, sondern _____ Töne ergeben.

Lückentext zum Üben (Lückenwörter als Purzelwörter)

Kunst-_____ (cehinrrttu)

Die Schüler _____ (aceknp) ihre _____

(bceeikklnöSzz) und _____ (emnrstü) nach _____

(adenrßu). Sie _____ (eenstz) sich _____ (eeinrtv) in eine

_____ (cEek) des Pausenhofs. Mit nicht zu _____ (aehmrt) Blei-

stift _____ (eeiiknrszz) sie die _____

(aacdfhLnst) ein _____ (bcehinss) auf. _____

(ädehnrW) die einen _____ (äefghnru) die _____-form

(chsuW) der _____-bäume (abLu) _____ (ceehinnz), malen

_____ (adeenr) Blumen-_____ (äersßtu) in einer

_____ (aesV) auf. _____ (ccehhiillSß)

_____ (aelmmns) sie _____ (eeehmrr) _____

(effoSt) für die Farben. Blätter und Früchte werden _____

(cghiiorstv) _____ (egimtx) und Erde _____ (ehrrrtüv).

Die Schüler _____ (beeelnr), dass die Farben nicht

_____ (cdegikr) sind, sondern _____ (acehilnrtü)

Töne ergeben.

156

Thematik	Ferienerlebnis - Legoland

GWS-Wortschatz

Namenwörter: Angst, Bahn, Bekannten (kennen), Blick, Entwicklung, Ferien, Information, Nähe, Programm, Schalter

Zeitwörter: beobachten, entdecken (Decke), glühen, sammeln, treffen

Eigenschaftswörter: interessant, richtig

sonstige Wörter: bereits, links

nicht im GWS enthaltene Wörter: toll, Eintrittskarte, Ritterburg, Fabrik

Text

Meine Ferien

Bereits früh am Morgen trafen wir uns mit Bekannten und fuhren ins Legoland. Am Schalter bekamen wir unsere Eintrittskarten und ein Programm, wo wir die Informationen gesammelt auf einen Blick sahen. Links entdeckten wir die Ritterburg. Der grüne Legodrache mit seinen glühenden Augen machte meiner Mutter Angst. In der Nähe der Achterbahn war die Fabrik, wo wir die interessante Entwicklung der Legosteine beobachten konnten. Es war ein richtig toller Ferientag.

(72 Wörter, davon 19 GWS-Wörter oder davon abgeleitete Wörter)

Nachdenkstrategien

lang gesprochener i-Laut ➡ *ie:*

ä/äu ➡ *verwandtes Wort mit a:*
Nähe (nah)
Auslautverhärtung bei b,d,g ➡ *Verlängerung:*
Land, Burg, glühend, Fabrik, Tag
silbentrennendes h ➡ *Verlängerung:*
sahen, glühen, Nähe
Rückführung zur Grundform:
konnten, entdeckten
kurzer Vokal und Mitlautverdopplung, tz, ck:
Bekannte, Eintritt, Programm, sammeln, Blick, entdecken, Ritter, Mutter, interessant, Entwicklung, toll
Nach l,n,r oder Doppellaut steht nie ck oder tz:
links
Wortbausteine:
Nachsilbe: -ung ; *Vorsilbe:* ent-

orthografische Merkstellen

langes i, Schreibweise i:

Wörter mit ä ohne Ableitung:

doppelter Vokal:

Dehnungs-h:
fuhren, Bahn,
Wörter mit v/V:

Wörter mit ß:

ks-Laut bzw. z-Laut ts geschrieben:
links // bereits, Eintrittskarten
besondere Wörter:
trafen (treffen), bekamen (bekommen)
interessant, Programm, Information, Fabrik

Lückentext zum Andiktieren der Wörter zum Grundwortschatz

Meine Ferien

_____ früh am Morgen _____ wir uns mit _____ und fuhren ins Legoland. Am _____ bekamen wir unsere Eintrittskarten und ein _____, wo wir die _____ _____ auf einen _____ sahen. _____ _____ wir die Ritterburg. Der grüne Legodrache mit seinen _____ Augen machte meiner Mutter _____. In der _____ der Achter-_____ war die Fabrik, wo wir die _____ _____ der Legosteine _____ konnten. Es war ein _____ toller _____-tag.

Lückentext zum Üben (Lückenwörter als Purzelwörter)

Meine Ferien

_____ (Beeirst) früh am Morgen _____ (aefnrt) wir uns mit _____ (aBeeknnnt) und fuhren ins Legoland. Am _____ (acehlrSt) bekamen wir unsere Eintrittskarten und ein _____ (agmmoPrr) , wo wir die _____ (aeflimnnnoort) _____ (aeeglmmst) auf einen _____ (Bcikl) sahen. _____ (ikLns) _____ (cdeeeknntt) wir die Ritterburg. Der grüne Legodrache mit seinen _____ (deeghlnnü) Augen machte meiner Mutter _____ (Agnst). In der _____ (äehN) der Achter-_____ (abhn) war die Fabrik, wo wir die _____ (aeeeinnrsstt) _____ (cEgiklnntuw) der Legosteine _____ (abbceehnot) konnten. Es war ein _____ (cghiirt) toller _____-tag (eeFinr).

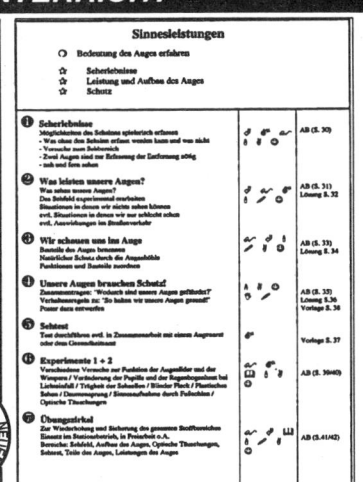

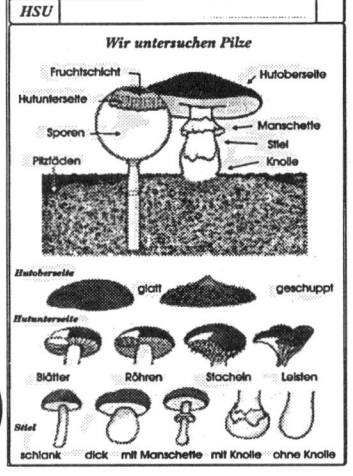

Deutsch
kompakt

294	**3. Schuljahr Bd. I**		
	Texte verfassen, 122 S.	✍	17,90
295	**3. Schuljahr Bd. II**		
	Richtig schreiben, 122 S.	✍	17,90
296	**3. Schuljahr Bd. III**		
	Lesen/Literatur begegnen 108 S.	✍	16,90
459	**3. Schuljahr Bd. IV**		
	Sprache untersuchen, 116 S.	✍	17,90
971	**4. Schuljahr Bd. I**		
	Texte verfassen, 123 S.	✍	17,90
972	**4. Schuljahr Bd. II**		
	Richtig schreiben, 146 S.	✍	19,90
973	**4. Schuljahr Bd. III**		
	Lesen/Literatur begegnen 128 S.	✍	18,90
460	**4. Schuljahr Bd. IV**		
	Sprache untersuchen 119 S.	✍	17,90

Rechtschreiben

990	**Mein Rechtschreibregelheft**		
	geordnet nach Rechtschreibfällen mit lustigen Lernspielen, DIN A4, 32 S.	✍	4,90
528	**Übungs- und Diktattexte zum Grundwortschatz 3./4.**		
	158 Seiten	✍	19,90
545	**Meine Wörterwerkstatt mit Wortbausteinen 3./4., 66 S.**	✍	13,90

Grundwortschatz in Nachschriften Lauf- und Büchsendiktaten

789	**3. Schuljahr**	*94 S.*	💲 ✍	6,90
790	**4. Schuljahr**	*106 S.*	💲 ✍	6,90

Die lustige Rechtschreibkartei   UP

877	**3. Schuljahr** *110 S., A5 quer*	✍	14,90
044	**4. Schuljahr** *110 S., A5 quer*	✍	14,90
544	**Kleines Einmaleins zum richtigen Schreiben 3./4., 88S., A5 quer**	✍	13,90

Grundwortschatz-Schülerhefte

536	**Mein Grundwortschatz 3./4.**		
	in vereinfachter Ausgangsschrift, 64 S.	✍	3,90
769	**Mein Wörterlexikon i. d. Grundschule**		
	96 S., DIN A5	✍	5,90
546	**Meine Wörterliste für die GS** *20 S.*	✍	2,50

Aufsatzerziehung

836	**So schreibe ich spannende Geschichten**		
	3./4. Schuljahr, 104 S.	✍	17,90
843	**Kreatives Schreiben, 3./4. Schuljahr**	✍	14,90
983	**Spielen mit Sprache macht Spaß**		
	78 S. Kartei DIN A5	✍	13,90
703	**Erzählen u. Unterhalten 3./4.** 💲		6,90
522	**Aufsatzkorrektur - leicht gemacht** ✍		19,50
	Praktische Hilfen zur gerechten Bewertung, 132 S.		

Aufsatz/Kopierhefte

076	**Band I, Erleben und Erzählen**		
	88 S., 51 KV	✍	15,90
078	**Band III, Überlegen und Begründen**		
	68 S., 37 KV	💲	6,90

💲 = Sonderpreistitel

Literatur/Lesen

763	**Kinder- u. Jugendliteratur lesen und erleben, 3./4. Schuljahr,144 S.** 💲		8,90
097	**Phantasiegeschichten, 3./4. Schuljahr**		
	Texte z. Kreativität u. Meditation, 56 S. 💲		4,90
764	**2.-4. Schuljahr, Spannende Geschichten zum Sachunterricht**		
	z. Lesen, Vorlesen u. Nacherzählen, 64 S. 💲		4,90

Kopierhefte

352	**Lesefreude mit Legenden und Sagen** *56 S.* ✍		12,90
353	**Lesefreude mit Lachgeschichten und Schwänken** *52 S.* ✍		12,90
969	**Lass dir Zeit** *90 S.* 💲 ✍		6,90
	Geschichten von Michael Ende		
354	**Minikrimis, 3./4. Schuljahr**		
	Detektive sind Benni, Lu u. du, 46 S. ✍		11,90

520	**Textknacker 3**	✍	i.V.
524	**Textknacker 4** *144 S.*	✍	19,90
079	**Lesen mit Lust 3** *64 S.*	💲	6,90
080	**Lesen mit Lust 4** *64 S.*	💲	6,90
358	**Mit viel Spaß fit im Lesen 3./4.** *46 S.*	✍	11,90

Gedichte/Stundenbilder

135	**3./4. Schuljahr**	💲	6,90
	93 Seiten, 18 Gedichte z.B. von Goethe, Krüss, Ringelnatz, Roth...		

Fremdsprachen

962	**Französisch i. d. Grundsch.,** *104 S.*		14,90
963	**Englisch kompakt 3./4.,** *137 S.*		18,90
028	**CD zu Englisch kompakt**		19,90

974	**Ready, steady, go**		
	Spielekartei Englisch 110 S.		14,90

Heimat- und Sachunterricht
Stundenbilder

744	**3./4. Schuljahr Band II** 💲 ✍		8,90
	Biologie, Erdkunde, Physik, Chemie, 108 S.		
738	**4. Schuljahr Band I** ✍		8,90
	Kind und Gemeinschaft / Kind und Geschichte / Kind und Raum / Warenherstellung / Dienstleistungen, 136 S.		

Lernzielkontrollen/Proben

797	**3. Schuljahr,** *64 S.*	💲	9,90
798	**4. Schuljahr,** *64 S.*	💲	9,90

Umwelterziehung/Stundenbilder

255	**Umwelterziehung, 4.-6. Schj.** 💲		4,90

Lernzielkontrollen in Bausteinen

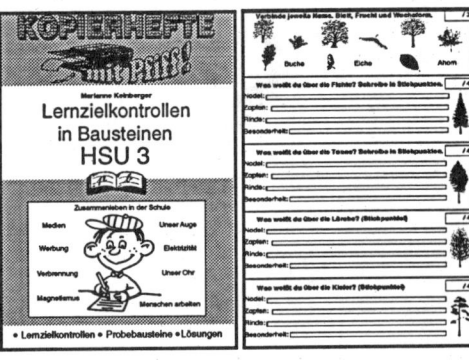

530	**HSU 3. Schuljahr,** *134 S.*	✍	19,90
531	**HSU 4. Schuljahr,** *152 S.*	✍	20,90

Verkehrserziehung

186	**3./4. Schuljahr, 98 S.**	✍	16,50

Kopierhefte mit Pfiff

725	**3. Schuljahr Band I,** *78 S.*	✍	14,90
	Gemeinschaft, Geschichte, Zeit, Raum		
726	**3. Schuljahr Band II,** *80 S.*	✍	14,90
	Kind und Natur		
727	**4. Schuljahr Band I,** *64 S.*	✍	13,90
	Gemeinschaft, Geschichte, Zeit, Raum		
728	**4. Schuljahr Band II,** *64 S.*	✍	13,90
	Kind und Natur		

HSU kompakt

274	**HSU kompakt 3 Bd. I** *140 S.*	✍	19.90
275	**HSU kompakt 3 Bd. II** *140 S.*	✍	19,90
276	**HSU kompakt 4 Bd. I** *148 S.*	✍	19,90
277	**HSU kompakt 4 Bd. II** *154 S.*	✍	20,90

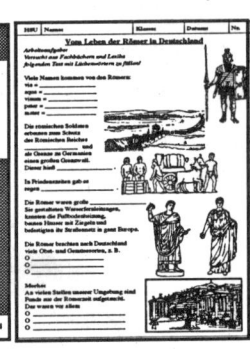

Projektunterricht

993	**Projektideen zum Sachunterricht** *64 S.*	✍	13,90
287	**Unser eigenes Thema 3/4** *70 S.*	✍	14,90

Rund ums Jahr
Feste und Gedenktage

364	**Frühling u. Sommer, Bd. I,** *120 S.*	✍	16,90
365	**Herbst u. Winter, Bd. II,** *120 S.*	✍	16,90

Brauchtum 2.-4. Schuljahr

170	**Brauchtum und Feste im (Kirchen-) Jahr, Band II,** *122 S.*	14,90
	Vom Fasching bis zu den Sommerfeiertagen,	

Religion kompakt

977	**3. Schuljahr,** *150 S.*	✍	19,90
156	**4. Schuljahr,** *140 S.*	✍	19,50

Ethik

264	**3. Schuljahr,** *140 S.*	✍	19,50
265	**4. Schuljahr,** *144 S.*	✍	19,50
794	**Kurzgeschichten zum Ethikunterricht**		
	3./4. Schuljahr 💲		4,90
	44 Themenvorschläge, Denkanstöße und Diskussionsschwerpunkte, 50 S.		

✍ = Neue Rechtschreibung